Naturerlebnis Hessen

Wolfgang Müller

Naturerlebnis Hessen

Landschaft – Pflanzen – Tiere

Für Moritz

Die Deutsche Bibliothek – CIP Einheitsaufnahme
Ein Titeldatensatz für diese Publikation ist bei
Der Deutschen Bibliothek erhältlich.

Umschlaggestaltung: Neil McBeath, Stuttgart, unter Verwendung von Aufnahmen von R. Jäger, Neu-Anspach (Kleiner Gudenberg bei Oberelsungen) und H. Hofmann, Neu-Anspach (Waldohreulen)

Vorsatz: Zechsteinhänge bei Lieschensruh, südlich Waldeck
Nachsatz: Naturwaldreservat »Niddahänge«, östlich Rudingshain

© Konrad Theiss Verlag GmbH, Stuttgart 2000
Alle Rechte vorbehalten
Lektorat: Martin Müller, Ostfildern
Satz und Reproduktion: Hahn Medien GmbH, Kornwestheim
Druck: Franz Spiegel Buch GmbH, Ulm
Printed in Germany
ISBN 3-8062-1418-2

Inhalt

Vorwort 7

NATUR UND LANDSCHAFT IM WANDEL DER ZEIT

Der Konflikt um die Natur 10

Stein entsteht, Stein vergeht 12

Der Einfluss des Menschen 15

Neue Wege für den Naturschutz 17

OBERRHEIN, BERGSTRASSE, ODENWALD

Hessens »Amazonas« 22
Die Auen der Nördlichen Oberrheinniederung

Ungleiche Nachbarn 28
Hessische Oberrheinebene und Bergstraße

Ein Riesengrab 34
Das Felsenmeer bei Reichenbach im Odenwald

Schaufenster ins Tertiär 37
Die Grube Messel

RHEINGAU, MITTELRHEIN, TAUNUS, LAHN

Leselust 42
Rebenland Rheingau

Romantische Pfade 46
Das Obere Mittelrheintal

Stille Täler, weite Wälder 50
Das Wispertal im Rhein-Taunus

Blick ins »Buchfinkenland« 53
Rund um den Großen Feldberg im Hochtaunus

Auf Goethes Spuren 58
Im Lahntal

WESTERWALD, WESTHESSISCHES BERGLAND, OST-SAUERLAND, WESERBERGLAND

»...Über deinen Höhen pfeift der Wind so kalt« 66
Der hessische Westerwald

Im Upland 70
Hochheiden bei Willingen im Sauerland

Nationalpark in Wartestellung 74
Kellerwald und Edersee

Wichtelland 79
Der Habichtswald

Op un raff - Rauf und runter 83
Unterwegs in Reinhardswald und Diemelland

WALDHESSEN, VOGELSBERG, RHÖN, SPESSART

Im Zauberreich der Holle 90
Der Meißner und sein Vorland

Grenzgänge 94
Entdeckungen im unteren Werratal

Unruhige Erde 99
Auf Exkursion in Ringgau und Obereichsfeld

Paradies aus Menschenhand 103
Der Rhäden von Obersuhl und Dankmarshausen

Aus Feuer geboren 106
Der Hohe Vogelsberg

Alles fließt 110
Bäche, Flüsse und Teiche im östlichen Vogelsberg

Buchonia 116
Rhöner Impressionen (1): Von Stock und Stein

Land der offenen Fernen 120
Rhöner Impressionen (2): Moore, Wiesen und Triften

Im Wald der Kaiser und Könige 124
Der hessische Spessart

RHEIN-MAIN-TIEFLAND

Unter dem »Tintenfass« 132
Die Wetterau

Vom »Stöffche« und seiner Herkunft 138
Obstwiesen am Berger Hang bei Frankfurt

Dünen am Untermain 143
Das Schwanheimer Feld

Startbahn Natur 146
Der Mönchbruch

Glossar 152

Auswahlbibliografie 155

Ortsregister 158

Bildquellennachweis 160

Vorwort

Ein Konzept schneidern, Exkursionen planen, auf gutes Wetter warten, Termine abstimmen, herumreisen, wandern, Pflanzen und Tiere bestimmen, Motive auswählen und fotografieren, ungezählte Dias ansehen, lesen, Texte schreiben, neue Literatur sichten, Gespräche führen, wieder draußen unterwegs sein, Texte überarbeiten – so ist dieses Buch entstanden.

Nicht nur eine Tour musste wiederholt werden, weil der Wetterbericht log. Und da war der Frust der Fotografen, die keinen Schwarzstorch vor die Linse bekamen, denen die Papageien im Biebricher Schlosspark entflogen, weil gerade ein Springturnier stattfand, oder die zigmal vergebens auf die Zippammer »ansaßen«. Wir teilten Enttäuschungen miteinander sowie die Hitze, die Stechmücken und manch waghalsige Kletterei.

Meinen Freunden Helmut Hofmann, Rainer Jäger und Bernd Peyer, die mich auf den meisten Reisen begleiteten und den Löwenanteil der Aufnahmen beisteuerten, danke ich daher besonders herzlich. Aber auch Helmut Debelius, Erhard Vetter und Gerhard Wilst bin ich zu großem Dank verpflichtet, da sie Bilder unentgeltlich zur Verfügung stellten. Ohne das große Engagement aller und ihre Bereitschaft, jederzeit zur Stelle zu sein oder zu helfen, wäre das vorliegende Buch nie zu Stande gekommen.

Dank gebührt ebenfalls Dietrich Kaiser und Erhard Weidner vom Hessischen Ministerium für Landwirtschaft, Forsten und Naturschutz, die mit Rat und Informationen weiterhalfen. Den Biologen Stefan Nawrath, Wolfgang Wagner und Andreas Zehm verdanke ich wertvolle Tipps.

Nicht zuletzt danke ich meiner Frau, die trotz der Geburt unseres Sohnes meine außerhäuslichen Eskapaden duldete, mir allzu versponnene Formulierungen ausredete und überhaupt den Fortgang des Werkes mit großer Anteilnahme verfolgte.

Wolfgang Müller

Natur und Landschaft im Wandel der Zeit

Hessen aus der Luft.
Der Ort Rabertshausen
liegt an der Grenze der
Wetterau zum Vogelsberg.

Der Konflikt um die Natur

Rapsfeld im Meißner-Vorland

Natur erleben, geht das überhaupt noch? Urwüchsige Wälder, in denen das Geräusch von Axt und Säge nie zu hören war, unverbaute Flüsse, intakte Moore, wo gibt es die in unseren Tagen? Der Mensch hat von der Jungsteinzeit an die Natur gezähmt, hat sie seinen Bedürfnissen angepasst und kulturell überprägt – immer rasanter, immer brutaler seit dem Beginn der industriellen Revolution. Wo Neues entsteht, muss das Alte weichen. Nicht in jedem Fall ist dies jedoch von Nachteil.

Vor den Eingriffen des wirtschaftenden Menschen war Deutschland zu 90 Prozent von Wäldern bedeckt. Ackerbau und Viehhaltung schufen neue Lebensräume für Pflanzen und Tiere. Die liebliche Mittelgebirgslandschaft, jenes harmonische Ineinandergreifen von Wiesen, Weiden, Feldern und Wald, das wir schätzen und rühmen, verdankt seine Gestalt ganz und gar solchen Veränderungen. Weitere Beispiele ließen sich anführen. Aber sind nicht auch diese Lebensräume bedroht? Längst hat die Landwirtschaft ihre Unschuld verloren, wird der Erholungsdruck auf unverbautes Land immer größer. Bürokraten verplanen Landschaft, Politiker stellen ökonomisches Wachstum vor den Schutz natürlicher Ressourcen. Einer umfassenden Schonung der Umwelt steht die Sicherung von Arbeitsplätzen entgegen. Rücksichtsloses Freizeitverhalten fordert Tribute. Konservative Jäger und Waldbesitzer sperren sich

gegen ökologische Einsichten. Aber: Tendenzen zu einem nachdenklicheren Umgang mit Natur sind erkennbar. Der Umweltschutzgedanke findet in der Bevölkerung ein breiteres Fundament. Mehr und mehr Menschen sind bereit, für die Bewahrung unseres lebendigen Erbes einzutreten.
Viele naturnahe Gebiete scheinen mittlerweile gerettet. Ihre Zahl vergrößert sich von Jahr zu Jahr. Tierarten wie Wolf, Luchs, Elch, Tordalk, Lachs und Stör, die aus Deutschland verschwunden waren, kehren zurück – teils unter aktiver menschlicher Mithilfe, teils aus freien Stücken. Andere Arten, die hier früher nicht vorkamen, wandern zu, etwa Eissturmvogel, Basstölpel, Würgfalke, Karmingimpel und Orpheusspötter. Die fast zusammengebrochenen Bestände von Kormoran, Graureiher, Schwarzstorch, Seeadler, Wanderfalke und Biber erholen sich in erfreulicher Weise. Noch liegt manches im Argen, aber Anlass zu gedämpftem Optimismus ist durchaus gegeben.

Und in Hessen? Auch dieses Land liegt im Bundestrend. Keine Wildnis, keine Ur-Natur mehr, die wir bewundern könnten, wohl aber viele Edelsteine, deren Glanz an den prächtigen Schmuck früherer Zeiten erinnert. Hessens Naturreservate sind meist klein. Nur wenige Auswärtige kennen sie, denn Hessen ist ein Transitland: Für den Eiligen reduziert sich Umwelt auf schmale Streifen entlang der Autobahnen, die Urlauber möglichst rasch zu vermeintlich spektakuläreren Ferienzielen führen. Nur schemenhaft rauscht Landschaft – Kulisse hinter Glas – auch an denen vorüber, die im Hochgeschwindigkeitszug zu wichtigen Terminen brausen oder endlose Warteschleifen über dem Frankfurter Flughafen ziehen. Deshalb haben wir das vorliegende Buch zum Innehalten gemacht. Es soll Anreiz sein zum Verweilen, Kennenlernen und Genießen.

Die Brutnachweise des prächtigen Bienenfressers in Hessen haben zugenommen. Planvolle Biotopvernetzung und das zunehmend wärmere Klima dürften dafür verantwortlich sein.

Seit einigen Jahren wieder in Deutschland heimisch – der Luchs. Wird die schöne Katze auch nach Hessen zurückkehren?
Immerhin verdanken Land und Leute dem Raubtier ihren Namen: Die germanischen Chatten (= Katzen), auf die das Wort »Hessen« zurückgeht, führten den Luchs als Stammesemblem.

Stein entsteht, Stein vergeht

Fenster in die Erdgeschichte. Ein Basaltaufschluss an der Amöneburg (Kreis Marburg-Biedenkopf).

Die Gefühlswerte, die eine Landschaft vermittelt, sind an bestimmte Voraussetzungen gebunden. Dabei spielen der geologische Aufbau und die gestaltenden Erdkräfte besondere Rollen. Hessen verdankt seine räumliche Vielfalt höchst unterschiedlichen erdgeschichtlichen Ereignissen und Prozessen, deren Auswirkungen sich heute im Landschaftsbild spiegeln, aber auch für die Zusammensetzung von Flora und Fauna verantwortlich sind.

Der Vordere Odenwald ist Hessens ältestes Gebirge. Seine kristallinen Tiefengesteine – Granit, Gabbro, Diorit – enstanden im Kambrium, vor 530 bis 495 Millionen Jahren. Damals sah es auf der Erde nicht anders aus als auf dem Mars: ein rauer Planet, übersät von Vulkankratern. Das sich regende Leben war noch auf die Ur-Ozeane beschränkt. Später, im Devon, bildeten sich die Schiefer und Quarzite des Taunus. Die Diabase und Quarzporphyre des Rheinischen Schiefergebirges verdanken ihre Existenz dem Vulkanismus der Devonzeit. Während des Oberdevons eroberten vierfüßige Lebewesen das Festland. Die Grauwacken und Schiefer des hessischen Nordwestens sind Produkte des Karbons. Morastige Wälder, deren fossile Überreste wir heute als Steinkohle fördern, bedeckten die Erde. In der Unteren Trias erstreckten sich in Deutschland weithin Wüsten. Die aus Wüstensand beziehungsweise Sandablagerungen dieser erdgeschichtlichen Epoche verfestigten Buntsandsteine bauen weite Teile der hessischen Mittelgebirge auf – vom Odenwald über den Spessart, die Rhön, das Meißnermassiv, den Reinhardswald bis hin zum Waldecker Wald und zum Burgwald. Mittlere und Obere Trias steuerten Muschelkalk (aus Meeresablagerungen) und Keuperschichten (Letten, Gips, Quarzsand, kohlige Lagen, Dolomit) bei. Keupersedimente sind so bunt wie bedrucktes Köpergewebe – daher der Name. Sie bildeten sich in abgeschnürten Wannen oder Buchten, in denen das Muschelkalkmeer verdunstete, eng benachbart mit vegetationsreichen Sumpfniederungen.

Zu dieser Zeit erschienen die ersten Dinosaurier. Aus Hessen wurden bisher keine »Schreckensechsen« bekannt, obwohl etwa im Oberjura, vor zirka 150 Millionen Jahren, Nordhessen zum Festland des Mitteleuropäischen Archipels (Mitteldeutsche Schwelle) gehörte und jüngst bei Minden oder im Harz-Vorland sensationelle Funde ans Licht kamen. Wieder Millionen Jahre später, am Übergang von der Kreide zum Tertiär, setzten enorme Mengen von Staub, Schwefel und Kohlendioxid – emporgeschleudert durch vulka-

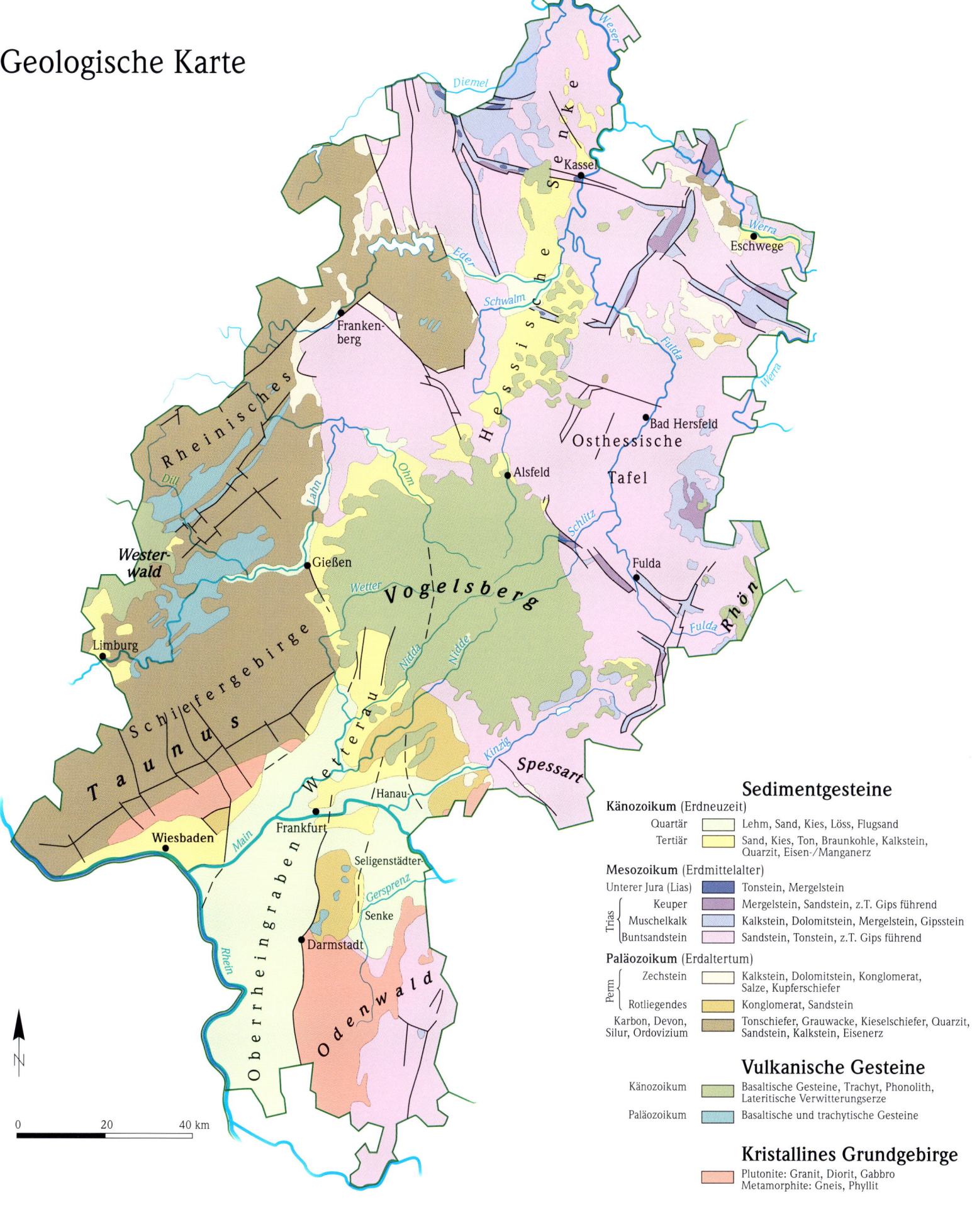

nische Aktivität fernab in Indien (Deccan Trapps) oder den Einschlag eines Boliden aus dem Weltraum (Chicxulub-Impakt) –, die zu globaler Verdunkelung und Abkühlung führten, dem Leben der Dinosaurier ein jähes Ende. Das Zeitalter der Säugetiere brach an. In Europa schoben sich im Tertiär zwei der Platten, aus denen die Erdkruste besteht, ineinander. Im Bereich der Knautschzone wurde der Faltenwurf der Alpen drapiert.

Ehemaliger Braunkohletagebau bei Berstadt (Wetterau). Die Abbaulandschaft ist heute »renaturiert«.

Andernorts sank das Land ab oder taten sich gewaltige Risse auf, aus denen Lavaströme quollen. Über die Schollen von Westerwald, Vogelsberg, Rhön, Landrücken, Knüll und Meißner legte sich eine Decke aus Ergussgesteinen, zumeist Basalt, seltener auch Phonolith. Im Schatten der Vulkane gediehen subtropische Wälder. Sie bildeten das Reservoir, aus dem die hessische Braunkohleindustrie schöpft(e), so bei Borken, Großalmerode, in der Horloff-Senke und am Meißner.

Den letzten »Schliff« erhielt unsere Landschaft im Pleistozän. Kältesteppen breiteten sich aus, auf denen Herden von Steppenbisons, Wildpferden, Rentieren, Mammuts und Wollnashörnern grasten. In der Oberrheinebene türmten Stürme Flugsand zu Dünen auf, die ihren Lauf ändernden Flüsse hinterließen Kiesbänke und Auenlehme. Aus Windsedimenten gingen die Löss- und Lehmböden der Wetterau hervor. In abflusslosen Schmelzwasserseen setzte sich Ton ab.

Wie der kurze erdgeschichtliche Abriss verdeutlicht, ist das Land Hessen durch ein abwechslungsreiches Nebeneinander von unterschiedlich entstandenen Gebirgs- und Senkenlandschaften gekennzeichnet, die seine naturräumliche Gliederung vorgeben. Dreizehn Großräume sind zu unterscheiden, die ihrerseits weiter unterteilt werden können:

Odenwald-Spessart-Südrhön mit Sandsteinspessart, Büdinger Wald, Sandsteinodenwald und Vorderem Odenwald;
Nördliches Oberrheintiefland mit Nördlicher Oberrheinniederung, Hessischer Rheinebene und Bergstraße;
Rhein-Main-Tiefland mit Messeler Hügelland, Reinheimer Hügelland, Untermainebene, Ronneburger Hügelland, Wetterau, Main-Taunus-Vorland und Rheingau;
Mittelrheingebiet;
Taunus mit Vortaunus, Hochtaunus, Östlichem Hintertaunus, Idsteiner Senke und Westlichem Hintertaunus;
Lahntal mit Limburger Becken und Weilburger Lahntal;
Westerwald mit Lahn-Dill-Bergland, Dilltal, Hochwesterwald und Oberwesterwald;
Bergisch-Sauerländisches Gebirge mit Ostsauerländer Gebirgsrand und Hochsauerland;
Westhessisches Bergland mit Waldecker Tafelland, Waldecker Gebirgsvorland, Waldecker Wald, Ostwaldecker Randsenken, Habichtswald, Westhessischer Senke, Kellerwald, Burgwald, Oberhessischer Schwelle, Marburg-Gießener Lahntal, Vorderem Vogelsberg;
Osthessisches Bergland mit Unterem Vogelsberg, Hohem Vogelsberg, Fuldaer Senke, Vorder- und Kuppenrhön, Langer Rhön, Fulda-Haune-Tafelland, Knüll, Fulda-Werra-Bergland, Unterem Werratal, Salzunger Werrabergland;
Oberes Weserbergland mit Warburger Börde und Oberwälder Land;
Weser-Leine-Bergland mit Solling, Bramwald, Reinhardswald;
Thüringer Becken und Randplatten mit Ringgau, Obereichsfeld.

Diese Einteilung werden wir später, aus Gründen der Übersichtlichkeit, stark vereinfachen und zu benachbarten Großlandschaften zusammenfassen.

Der Einfluss des Menschen

Vor 780 000 Jahren betrat der Mensch die europäische Bühne. Frühmenschen der Spezies *Homo heidelbergensis* besiedelten während wärmerer Phasen der Eiszeit auch Mitteleuropa. Aus ihnen entwickelte sich der Neandertaler, eine Form, die in den eisfreien Gebieten dem Großwild nachstellte. Unsere Art, *Homo sapiens*, erreichte Europa, aus Afrika kommend, vor zirka 40 000 Jahren. Der Jetztmensch verdrängte den Neandertaler und schwang sich zum alleinigen Herrscher der Welt auf.

Zunächst existierte *Homo sapiens* als Teil seiner natürlichen Umwelt. Er nahm nur, was die Natur im Überfluss offerierte: Jagdwild, Fische, Nüsse, Beeren, Pilze, Blätter krautiger Pflanzen. Die Klimaerwärmung ausgangs der Eiszeit hatte Mitteleuropa in ein Waldland verwandelt. Wald-Kiefern, unter die sich Sand-Birken mischten, waren die Pioniere. Vor allem in den regenreicheren Gebieten schlug die Hasel Wurzeln. In tieferen Lagen wich der lichte Kiefern-Birken-Wald allmählich anderen Baumarten. Eichen wanderten ein und Linden. Schließlich erschien die Buche.

Derweil hatte der Mensch gelernt, aus wild wachsenden Pflanzen Kulturpflanzen zu züchten und Wildtiere zu domestizieren. Die ersten Bauernkulturen blühten im Vorderen Orient auf. Entlang der Donau breiteten sich Feldbau und Nutztier-

Das Rheintal bei Assmannshausen. In einem Umfeld, das der Mensch seinem Nützlichkeitsdenken unterwarf, ist Natur auf Nischen zurückgedrängt.

Die naturnahen Laubwälder Mitteleuropas weisen eine reiche Krautschicht auf.

Im monotonen Fichtenforst fehlt jeglicher Unterwuchs.

haltung westwärts aus. Die neue Wirtschaftsform zwang allenthalben zu radikalen Veränderungen im Landschaftsbild. Rodungen entstanden, Wälder wurden aufgelichtet. Mit Saatgut, das über Handelsketten in den Westen gelangte, schleppten die Bauern exotische Wildkräuter ein, die jetzt auch auf ihren Äckern gediehen. Tiere, denen das wogende Getreidemeer als Lebensraum zusagte, machten sich breit. Da der Mensch sesshaft geworden war, umgab er sich mit künstlichen, seinen gewandelten Ansprüchen besser genügenden Umwelten: festen Behausungen, die sich langsam zu Weilern, dann zu Dörfern gruppierten.

Im Gefolge der römischen Besatzung weiter Teile Mitteleuropas hielt die Stadtkultur Einzug. Der Verbrauch von Rohstoffen, vor allem von Holz, stieg seither dramatisch an. Gleichzeitig führte die Feudaljagd der anbrechenden Neuzeit zu einer Überhege der Wildbestände, was die Naturverjüngung des Waldes behinderte. Raubbau an den natürlichen Ressourcen, Waldweide und übermäßige Wildhege hätten zweifellos in eine ökologische Katastrophe gemündet, wären im 18. und frühen 19. Jahrhundert nicht Schritte zu deren Abwendung eingeleitet worden. Die Geburtsstunde des forstlichen Waldbaus hatte geschlagen. Von nun an wurden die Wälder nach Reglement bewirtschaftet, Lücken mit standortfremden Baumarten, hauptsächlich der Fichte, geschlossen. Paradoxerweise verhinderte letztlich die Industrialisierung den Kollaps unserer Wald-Ökosysteme, denn sie forcierte die Nutzung anderer, fossiler Energiequellen und Baustoffe.

Die negativen Auswirkungen der Industrialisierung auf die Umwelt allerdings sind hinlänglich bekannt: Luftverschmutzung und Gewässerverunreinigung, Bodenvergiftung, Saurer Regen, Abraumhalden, Landschaftsverbrauch. Der Preis, den wir für unseren Wohlstand zu zahlen haben, ist also hoch!

Neue Wege für den Naturschutz

Verschandelung oder Verluste lieb gewonnener Landschaftsbilder treffen ins Herz. Sie müssen aber als Signale begriffen werden, das Steuer herumzureißen und nach Wegen zu suchen, wie wir das, was uns an Natur geblieben ist, pflegen und mehren können. Die Rekultivierung ehemaliger Steinbrüche, Kiesgruben, Tagebaue oder selbst stillgelegter Bahnhöfe durch Aufforstung, Flutung oder Verfüllung ist hierbei ein Irrweg, da wertvolle Ersatzbiotope, die mittlerweile einer ganzen Anzahl von Tier- und Pflanzenarten Lebensraum bieten, vernichtet würden.

Dass es auch anders geht, beweist unter anderem das Beispiel des Gießener Bergwerkswaldes, wo auf der Fläche eines alten Manganerz-Tagebaus ein struktur- und abwechslungsreiches Naturschutzgebiet entstand. Auch andere anthropogen gestaltete Biotoptypen wie traditionell bewirtschaftete Äcker, Stollen, Brunnenschächte, Lesesteinmauern, Naturstein- und Fachwerkbauten, Wallhecken, Brandweiher und andere mehr sind schutzwürdig. Als Vorbild in dieser Hinsicht sei hier das Naturschutzgebiet Ämoneburg im Marburger Land mit seiner interessanten Ruderalflora (etwa Herzgespann, Eselsdistel, Bilsenkraut, Stinkender Gänsefuß und Mauer-Gänsefuß) hervorgehoben.

Naturschutz, der meist von großem Engagement getragen, oft aber auch mit geringer Sachkenntnis gepaart ist, kann nicht nur emotional verankert sein. »Vorzeigearten« wie Vögeln oder Orchideen gilt das besondere Augenmerk der Naturschutz-Monitoren und -Manager. Darüber vergisst man zahlreiche Lebensformen, die unter Umständen ganz andere Ansprüche an ihr Habitat stellen. Der Blick auf Details darf andererseits nicht die Sicht auf den größeren Zusammenhang trüben. Ökologisch denken heißt, die Vernetzung aller Lebensbereiche anzuerkennen und deren Wechselwirkungen zu verstehen. Der Naturschutz der Zukunft muss daher weitere »Trittsteine« zwischen den verbliebenen Naturinseln schaffen, er muss aber auch, stärker als bisher, den Faktor Mensch in seine Planungen einbeziehen, sei es durch Einbindung in das Biosphären-Konzept, durch Popularisierung und Propagierung von Produkten aus ökologischer Landwirtschaft, durch Förderung eines umweltverträglichen Tourismus und durch Unterstützung traditioneller Formen der Umweltnutzung.

Schutzgebiete sollten keine »Erlebnisreservate« für eine kleine Schar Auserwählter sein, sondern allen offen stehen. Nicht rigide Verbotstafeln schützen Natur, sondern sanftes Heranführen durch Besucherlenkung und Vermittlung biologischer Zusammenhänge.

Mit dem Bodenbau treibenden Menschen eingewandert: Acker-Beikräuter wie Klatsch-Mohn, Färber-Hundskamille und Geruchlose Ruderalkamille. Zu ihrem Schutz sind auch in Hessen Feldflora-Reservate eingerichtet worden.

Oberrhein, Bergstraße, Odenwald

① Lampertheimer Altrhein
② Steiner Wald
③ Kühkopf-Knoblochsaue
④ Hemsberg an der Bergstraße
⑤ Felsenmeer bei Reichenbach
⑥ Griesheimer Düne
⑦ Grube Messel

Rheingau, Mittelrhein, Taunus, Lahn

⑧ Mariannenaue
⑨ Niederwald von Rüdesheim
⑩ Engweger Kopf
⑪ Wispertal
⑫ Hochtaunus
⑬ Buchstein
⑭ Arfurter Felsen, Wehrley
⑮ Lahnaue bei Heuchelheim

Westerwald, Westhessisches Bergland, Ost-Sauerland, Weserbergland

⑯ Dornburg
⑰ Hochwesterwald bei Breitscheid, Aubachtal
⑱ Amöneburg
⑲ Hochheiden bei Willingen
⑳ Osterkopf
㉑ Kellerwald
㉒ Edersee
㉓ Dörnberg
㉔ Warmberg-Osterberg
㉕ Urwald Sababurg

Waldhessen, Vogelsberg, Rhön, Spessart

㉖ Kalkmagerrasen bei Roßbach
㉗ Hoher Meißner
㉘ Hie- und Kripplöcher
㉙ »Hessische Schweiz«
㉚ Plesse-Konstein, Elfengrund
㉛ Graburg
㉜ Boyneburg-Schickeberg
㉝ Rhäden von Obersuhl
㉞ Hoher Vogelsberg
㉟ »Oberhessische Seenplatte«
㊱ Milseburg
㊲ Rotes Moor, Kaskadenschlucht
㊳ Weiperzberg
㊴ Sinntal
㊵ Wiesbüttmoor

Rhein-Main-Tiefland

㊶ Nachtweid von Dauernheim
㊷ Mittlere Horloffaue
㊸ Salzwiesen von Münzenberg
㊹ Magertriften von Obermörlen
㊺ Berger Hang
㊻ Schwanheimer Feld
㊼ Mönchbruch

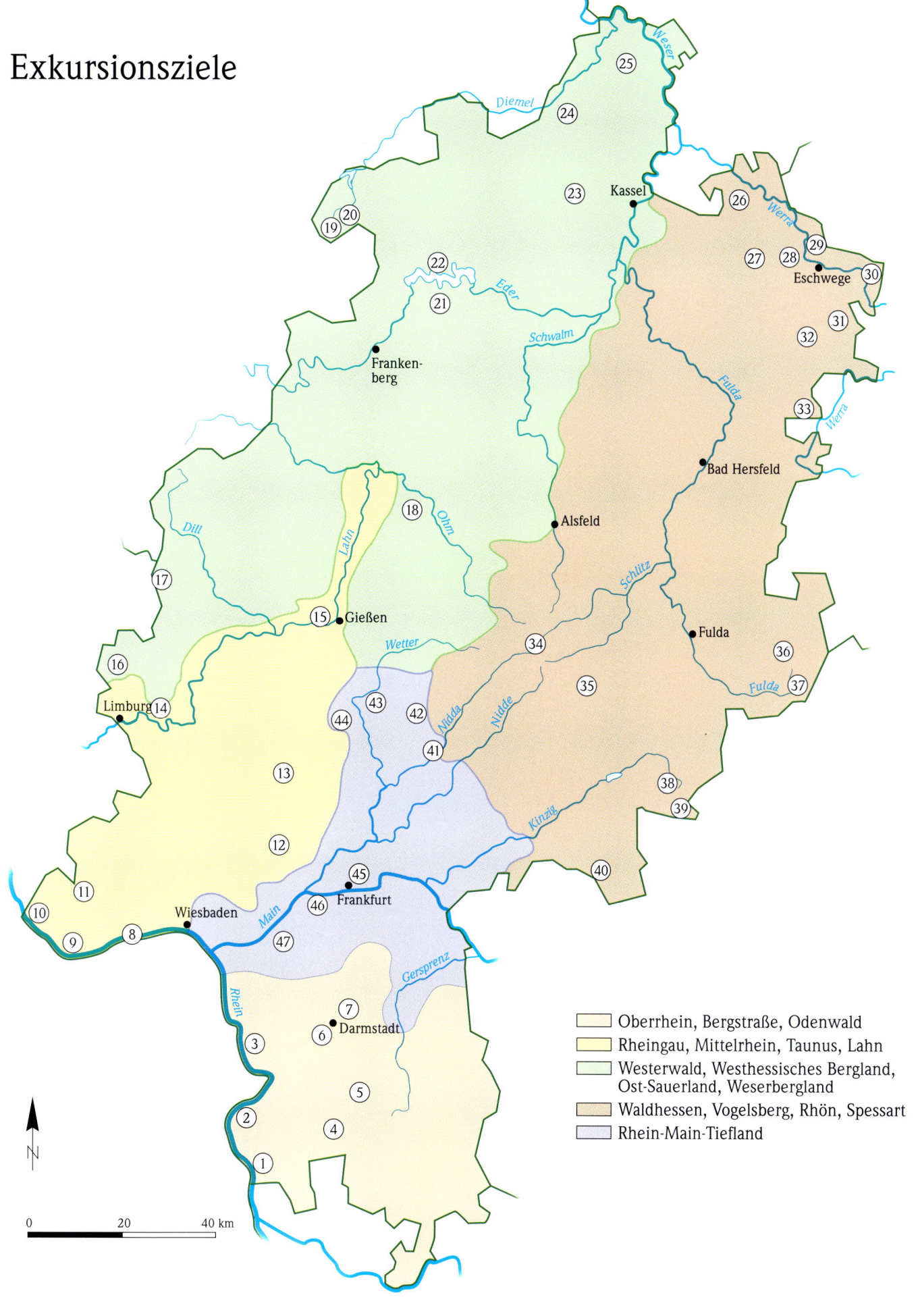

Oberrhein, Bergstraße, Odenwald

Griesheimer Düne

Hessens »Amazonas«
Die Auen der Nördlichen Oberrheinniederung

Drückende Schwüle liegt in der Luft. Zwischen den Lianenvorhängen oberhalb des gewundenen Flusses und der von üppiger Vegetation bedeckten Wasserfläche scheint sie gefangen. Von seiner Sitzwarte im Dickicht überhängender Zweige schnellt ein kobaltblau, türkis und orangerot gefiederter Pfeil ins nasse Element. Panik bricht aus in dem silbrigen Schwarm kaum fingerlanger Fischchen, die im warmen Flachwasser dicht gedrängt standen. Ein schwarz-gelber Exot taucht im üppigen Blattwerk des Galeriewaldes unter. Von dort ist jetzt sein wehmütig flötender Pfiff zu hören: »dü-de-lio, dü-de-lio«. Am gegenüberliegenden Ufer hocken auf einer Barrikade aus verkeilten Stämmen schwarze Vogelgestalten, Fischer im Trüben, die ihre ausgebreiteten Schwingen von der Sonne trocknen lassen. Über ihnen, auf dem höchsten Ast der Barrikade, thront majestätisch ein blendend weißer Reiher. Narbiges Holz, das vorbei treibt, lässt kurz den Atem stocken: ein Krokodil?

Nicht nach Mitteleuropa scheinen sie zu gehören, die Altrheinarme zwischen Ginsheim und Lampertheim im Hessischen Ried, den Vergleich mit tropischen Ökosystemen geradezu herausfordernd. Ein Heer von Stechmücken und Bremsen trägt dazu bei, den tropischen Eindruck auch nach der unerfreulichen Seite zu verstärken. Kühkopf und Knoblochsaue liegen hier – westlich von

Einem tropischen Strom zum Verwechseln ähnlich – der Schusterwörther Altrhein.

Stockstadt und Erfelden –, zusammen Hessens größtes Naturschutzgebiet bildend; im Süden, bei Lampertheim, erstreckt sich der Biedensand und dazwischen, an der Weschnitzmündung, der Steiner Wald. Eingeknüpft sind diese Naturjuwelen in eine Girlande weiterer Schutzgebiete (unter anderen Riedwiesen von Wächterstadt, Großer Goldgrund bei Hessenaue, Hohenaue bei Trebur), die in vielleicht nicht allzu ferner Zeit Kernzonen eines zu schaffenden Nationalparks »Hessische Rheinauen« werden könnten. Dort wären Stromtalwiesen zu bewundern mit ihren typischen, heute fast verschwundenen Pflanzen, der Schmetterlings- und der Wiesen-Schwertlilie zum Beispiel, dem Kanten-Lauch, der Brenndolde, dem Langblättrigen Blauweiderich, der Blassgelben Wiesenraute, dem Hohen Steinklee, dem Spießblättrigen Helmkraut, der Sumpf-Platterbse, der Spargelschote oder dem Lungen-Enzian. Ausgedehnte Schilfareale lägen dort, in denen Zwergdommel, Drossel-Rohrsänger und Rohrschwirl ihre Jungen aufzögen. Es gäbe Raum für die jetzt noch fehlenden, vor langer Zeit ausgerotteten Biber, Fischotter und Nerze. Vor allem aber könnten Besucher dort Wälder sehen, wie sie in Europa nur noch an wenigen Orten wachsen.

Intakte Auen sind ohne das ständige Auf und Ab des Wassers undenkbar. Abhängig von Trocken-, Regen-, Schnee- und Tauwetterperioden in den Mittelgebirgen und in den Alpen schwankt der Pegel des Rheins. Eine Kurve, die sich aus dem statistischen Mittel langjähriger Pegelmessungen ergibt, lässt aber erkennen, dass gewöhnlich im Herbst mit Niedrigwasser zu rechnen ist, während die Zeit des höchsten Wasserstandes meist in die Monate Mai/Juni fällt. Wechselnde Wasserstände verändern das Bild der Auen. Die Flut überspült vorher festes Land und füllt Kolke, Druckwasser kommt selbst an stromfernen Stellen zum Vorschein, Schilfbestände werden aufgelichtet, Uferabschnitte fortgerissen. Andererseits fallen bei Niedrigwasser Schlammflächen, Flutrinnen und Mulden trocken. Viele Lebewesen brauchen diesen Wechsel. So bringen die Pflanzen der Schlammfluren, zum Beispiel der seltene Schlammling, ihre Vermehrung allein bei niedrigem Wasserstand zu Wege. Durchziehende Watvögel finden nur dann ausreichend Nahrung. Der Flussregenpfeifer ist auf vom Hochwasser zusammengetragene Kiesbänke angewiesen. An aufgeworfenen Sandwällen erscheinen Insekten, etwa

Hochwasser ist in die Weiden-Au eingedrungen. Die Höckerschwäne freut's.

Der Seidenreiher ist in den hessischen Rheinauen häufig zu Gast.

Die Früchte der seltenen Wassernuss bereicherten früher die karge Tafel der Rheinfischer.

Sandbänke sind Lebensräume auf Zeit. Schon die nächste Flut kann sie abtragen oder ihre Gestalt verändern.

Blüten-Mulmkäfer, die unter Umständen jahrelang auf ein solches Ereignis gewartet haben. Für das Blaukehlchen werden Schilfwälder erst nach dem auslichtenden »Putz« der Flut bewohnbar. Störche sammeln sich in den Mulden, die das Hochwasser zögernd räumt; viele Fische und Frösche können sie da erbeuten. Auch Seidenreiher lassen sich an solchen Stellen blicken. Die zauberhaften weißen Vögel sind regelmäßige Gäste aus Südeuropa.

Nährstoffreichtum lässt die Augewässer vor Pflanzen überquellen. Im Schusterwörther Altrhein etwa, einem abgeschnürten Rheinarm, dessen Egestion (»Mündung«) sich an der Nordspitze der Knoblochsaue befindet, bilden Wasserknöterich, Ähriges Tausendblatt, Raues Hornblatt, Teichrose, Seekanne, Tannwedel und Wassernuss regelrechte Matten; andernorts färben Algenfarn und Wasserlinsen ganze Gewässer grün. Die Wassernuss ist eine besondere Kostbarkeit, denn ihre Bestände haben überall in Mitteleuropa dramatisch abgenommen. Im Herbst sinken die schweren, bedornten Früchte auf den Gewässergrund. Im folgenden Frühjahr keimen sie und entlassen jeweils eine Rosette aus vielen kleinen Blättern zur Oberfläche. – Üppiges Unterwasserleben, eine nahrhafte Suppe aus Algen, Rädertierchen, Geißeltierchen, Kleinkrebsen und Insektenlarven – darunter auch die Entwicklungsstadien der »Geißel des Rieds«, der etwa 33 verschiedenen Stechmückenarten, allen voran Wiesenmücke, Hausmücke und Auwaldmücke – sowie ein reich strukturiertes Angebot an Verstecken und Laichgründen garantieren den Fischen der Au ihr Auskommen: Strömende (lotische) Flussstrecken bevorzugen Hasel und Döbel, in den stillen (lenitischen) Abschnitten der Altarme und ihrer Egestionen schwimmen Steinbeißer, Kaulbarsch, Karpfen, Schleie, Karausche, Giebel und Stichling. Rotauge, Flussbarsch, Blicke, Brachsen, Rotfeder, Zander, Hecht, Aal, Ukelei und Gründling scheinen nicht so wählerisch; sie fühlen sich in beiden Habitaten wohl. Auch Exoten wie Sonnenbarsch und Blaubandbärbling, freigelassene Zierfische, fügen sich mittlerweile in die Lebensgemeinschaft der Au ein. – Eine Besonderheit der Altrheinarme ist die nur pfenniggroße Süßwasserqualle. Die frei schwimmenden Medusen bilden sich aus Seitenknospen sessiler, das heißt am Boden sitzender Polypen.

Die vielfältigen Übergänge vom Wasser zum Land sind es, die diese amphibische Landschaft so reizvoll machen. Auch der Wald hat sich mit der engen Nachbarschaft des Flusses und seinen Launen abfinden müssen. Nie überschwemmte Wälder gab es lediglich auf dem sogenannten Hochgestade, das die Grenze zwischen Oberrheinniederung und Oberrheinebene markiert. Die dort früher verbreiteten Gesellschaften Stieleichen-Hainbuchenwald und Sand-Kiefernwald finden sich heute nur noch in Relikten. Zum Fluss hin schlossen sich vor der Inbesitznahme durch den Menschen ausgedehnte Hartholz-Auenwälder an. »Nasse Füße« bekommen sie allein bei Hochwasser, das heißt an zwei bis vierzehn Tagen pro Jahr. Stiel-Eiche, Feld- und Flatter-Ulme sind die beherrschenden Baumarten. Man spricht daher auch von einem Eichen-Ulmen-Auenwald. Daneben treten unter anderen Esche, Wildapfel, Wildbirne, Schwarz-Erle, Hainbuche, Berg-, Spitz- und Feld-Ahorn auf.

Kein anderer deutscher Wald kann so viele windende und klimmende Pflanzen vorweisen. Waldrebe, Efeu, Hopfen, Zaunrübe und Windendes Geißblatt umgarnen Bäume und Sträucher wie im tropischen Dschungel; früher kam auch noch die Wilde Weinrebe vor. Zu tausenden bedecken im Frühjahr Blausternchen, Busch-Windröschen, Wald-Schlüsselblume und Scharbockskraut den Waldboden. Etwas später blühen Einbeere, Aronstab, Bär-Lauch und Hohes Veilchen. Motten-Königskerze und Katzenschwanz – Sonnenkinder des Sommers, die als Pflanzen der Waldmäntel und Blößen viel Licht brauchen – stehen auf der Roten Liste der in ihrem Bestand gefährdeten Arten ganz weit oben. Im Herbst leuchten die karminroten Lampions der Blasenkirsche aus dem Unterholz. Hirschkäfer, Heldbock, Espen-Schillerfalter, Pappel-, Winden- und Lindenschwärmer sind in der Hartholzau zu Hause, ferner Waldschnepfe, Hohltaube, Pirol, Gelbspötter, Nachtigall, Schwarz- und Mittelspecht. Graureiher und Schwarz-Milan bauen im Geäst ihre Horste, gelegentlich auch der Nachtreiher.

Lokal, so am Lampertheimer Altrhein, bildet Pappel-Auwald, in dem die hohen Wipfel von Schwarz- und Silber-Pappel alle übrigen Bäume überragen, eine Übergangszone von der Hartholz- zur Weichholzau. Letztere erträgt lang anhaltende Überschwemmungen. Silber- und Bruch-Weide stellen die Hauptbaumarten des Weiden-Auwaldes. Die Larven von Weberbock und Moschusbock entwickeln sich in deren Stammholz. Erwachsene Moschusböcke zehren vom Baumfluss und bilden daraus den charakteristischen Duftstoff, der ihren Hinterbrustdrüsen entströmt. In der Weiden-Au hat der Kleinspecht sein bevorzugtes Revier. Seit einigen Jahren kann man

Der Moschusbock gehört zu den farbenprächtigsten einheimischen Insekten.

Zum Licht empor: Unsere wuchskräftigste Liane, die Cremeweiße Waldrebe, umfängt das Geäst mit ihren Schlingen.

In Osteuropa dienten die Hängenester der Beutelmeise als mollige Kinderschuhe.

Alte Kopfweiden bieten einer Vielzahl von Tieren Unterschlupf, Nahrung oder Brutmöglichkeit.

Zeitig blüht das Blausternchen in der Hartholzau.

dort außerdem die aus Osteuropa eingewanderte Beutelmeise beobachten. Sie flicht kunstvolle pantoffelförmige Hängenester aus den flauschigen Flugschöpfen von Weiden- und Pappelsamen. Auch der am Lampertheimer Altrhein brütende Kormoran ist ein »Neubürger«, der sich dank rigorosen Schutzes wieder ausbreiten darf, nachdem er bundesweit fast ausgerottet war.

Weiden-Ufergebüsch aus Beständen der Korb-, Purpur- und Mandel-Weide ist dem Weiden-Auwald vorgelagert. Hier kommt der klimmende Hühnerbiss vor, eine rar gewordene Pflanze, die sich schon zeitig im Sommer mit glänzend schwarzen Früchten schmückt. Der farbenprächtige Eisvogel wählt die elastischen, dem Strömungsdruck des Wassers nachgebenden Ruten der Buschweiden gern als Ansitz. Deren Stämme stehen häufig auf Stelzwurzeln. Diese sind während einer Flut spontan, als so genannte Adventivbildungen, am Stamm entstanden und haben sich vor Einsetzen der nächsten Trockenperiode im Boden verankern können.

Den letzten Vorposten der Landpflanzen besetzen die Arten des Röhrichtgürtels, der eng mit dem

Uferweidengebüsch verflochten ist. Nässe lässt im Röhricht keinen Baumwuchs mehr zu. Seggen haben sich breit gemacht, Schilf und vor allem die Horste des Rohrglanzgrases. Durch das Gewirr der Halme turnt die Zwergmaus und bunte Blumen lugen aus dem Dickicht – die Blüten von Bittersüß, Pfeilkraut, Schwanenblume, Wasser-Schwertlilie, Sumpf-Wolfsmilch, Wasserfenchel, Felberich, Blut-Weiderich und Sumpf-Greiskraut. Die vom Aussterben bedrohte Schnatterente nistet in dem Pflanzendschungel neben anderen Raritäten: Wasser- und Tüpfelralle. Schon im Wasser, wenn auch gedeckt durch Röhrichtstängel, liegen die Bruthaufen von Blessralle, Hauben- und Zwergtaucher. Im Schilf präsentieren sich Rohrammer und Teich-Rohrsänger. Unermüdlich ertönt der schnarrende Gesang des Rohrsängers – ständige Begleitmusik einer Auenwanderung. Die unscheinbaren Vögel werden oft zum Opfer des Kuckucks, der den arglosen Pflegeeltern sein immer hungriges »Riesenbaby« unterschiebt.

Häufig schon war die Rede von »Alt«-Rhein oder »Alt«-Arm. Man erkennt daran, dass die beschriebene Auenlandschaft kein jungfräuliches Naturparadies mehr ist, sondern im Wesentlichen Resultat jener historischen »Rektifikation«, die zwischen 1817 und 1874 den Oberrhein nach Plänen des badischen Flussbaumeisters Johann Gottfried Tulla schonungslos begradigte und dergestalt um 82 Kilometer verkürzte. Die abgeschnittenen Schlingen verlandeten oder umgaben, wie im Falle des Kühkopfes, nunmehr Inseln.

ebenso den Obstwiesenbewohnern Wendehals, Grünspecht, Grau-Schnäpper und Garten-Rotschwanz. Trotzdem wurde für das Europareservat Kühkopf entschieden, eine 1983 in den Sommerdeich gerissene Bresche nicht wieder zu schließen, also Überflutungen zuzulassen und der Natur ihr Recht zurückzugeben. Weiter kam man überein, die seither verbrachenden Äcker der natürlichen Sukzession, das heißt der Rückkehr des Waldes über Zwischenstadien, zu überantworten. Die Entwicklung zur Hartholzaue schreitet dort mittlerweile zügig voran und Vögel wie Turteltaube oder Neuntöter, denen Pionier- und Vorwald als Lebensräume zusagen, haben sich stark vermehrt.

In der Folge setzte landwirtschaftliche Nutzung ein. So kommt es, dass auf dem Biedensand und am Kühkopf Mäh- und Obstwiesen liegen, teilweise auch Weiden und Äcker. Manchen Pflanzen- und Tierarten kam das zugute, dem Weiden-Alant etwa und dem Wiesen-Veilchen, die von der »Schur« ihrer Standorte durch Vieh profitieren, oder den auf Stoppelfeldern rastenden Kranichen,

Alle großen Schutzgebiete der Oberrheinniederung sind gut zugänglich, auch wenn es gelegentlich Betretungsverbote zu respektieren gilt. Von Beobachtungsständen aus ist – mit etwas Geduld – der Blick selbst auf scheuere Bewohner des hessischen »Amazonas« möglich. Besonders gute Bedingungen zur Vogelbeobachtung bietet, von verschiedenen Punkten aus, der Lampertheimer Altrhein.

Eine weitläufige Verwandte der Enziane ist die Seekanne.

Früher hatten Kopfweiden große Bedeutung in der bäuerlichen Kultur. Unter anderem stellte man daraus Korbwaren her, nutzte die Ruten als Fachwerkfüllungen oder band sie zu Wellen (Faschinen), um Buhnen anzulegen.

Ungleiche Nachbarn
Hessische Oberrheinebene und Bergstraße

Angesichts der Bergstraße gerät so mancher ins Schwärmen. »Hier fängt Deutschland an, Italien zu werden!«, soll Joseph II., Sohn und Mitregent Maria Theresias, ausgerufen haben, als er 1765 auf der Rückreise von der Kaiserkrönung in Frankfurt das Land zwischen Rheinebene und Odenwald streifte. Auch andere äußerten sich wohlwollend, bisweilen gar euphorisch. Heinrich von Kleist etwa war sehr von den Lüften angetan, die »wehten da so warm«, und Matthias Claudius dichtete versonnen: »Der Wald steht schwarz und schweiget, und aus den Wiesen steigt der weiße Nebel wunderbar.«

Vor der Kulisse des Odenwalds liegt eine Landschaft, die noch vom guten Leumund der Vergangenheit zehrt. Autobahnen und Schnellstraßen zerschneiden sie heute. An der *via strata montana* der Römer reiht sich Siedlung an Siedlung. Industriekomplexe und Einkaufszentren haben die Natur aufgefressen. Einzigartige Sanddünen wurden Neubaugebieten geopfert oder sind bis zum Horizont unter künstlich bewässerten, intensiv bewirtschafteten Feldern begraben. Manchen Tier- und Pflanzenarten stehen nur mehr Ausschnitte des früheren Verbreitungsgebietes zur Verfügung. So beschränkt sich das Vorkommen der Kleinen Walddeckelschnecke in Hessen auf ein Refugium bei Jugenheim und der rare Stauden-Lein hat sich unter eine Hochspannungsfreileitung zurückgezogen, die das Waldstück Klingsackertanne nördlich von Pfungstadt teilt. Geblieben ist lediglich ein Schatten früherer natürlicher Vielfalt, geblieben ist aber auch das ungewöhnlich milde Klima, das den Frühling bereits in den ersten Märztagen zu farbenfroher Ouvertüre anspornt. Der gesamte Nördliche Oberrhein bildet eine Klimainsel. Kalte Nord- und Ostwinde werden von Odenwald, Spessart und Taunus fern gehalten. Und im Lee von Pfälzer Wald und Hunsrück lösen sich Wolken schnell

Erst spät im Jahr – in den Monaten August und September – blüht die Berg-Aster.

auf, das heißt die Sonne kann ungehindert einstrahlen. Mit 10° C im Jahresmittel liegen die Temperaturen sehr hoch. Niederschläge dagegen machen sich rar. In der Ebene übertrifft ihre Menge die Jahresmarke von 550 mm nur selten. Zwar bringt es die Bergstraße auf 650 mm, aber verglichen mit den 1100 mm, die der zentrale Odenwald empfängt, ist dies immer noch ein recht bescheidener Wert.

Als sich im Tertiär der Oberrheingraben immer weiter absenkte, riss er Teile des Deckgebirges, zumeist Buntsandsteinschichten, mit in die Tiefe. Stehen geblieben sind die von Plutoniten aufgebauten Formationen des Grundgebirges. Sie bilden jene Bruchstufe, die heute als Bergstraße bezeichnet wird, und setzen sich weiter östlich im Vorderen Odenwald fort. Flüsschen wie die Lauter, die Weschnitz oder der Mühlbach, die dort entspringen, teilten die Bergstraße in eine Vielzahl kuppiger Segmente. Die sich westlich bis zum Rhein erstreckende Ebene hingegen ist ein Produkt der Eiszeit. Windausblasungen der Schotterbänke des Ur-Rheins während der trockenkalten Ältesten und Älteren Tundrenzeit führten

Umflort von Kirschblüten – die Starkenburg bei Heppenheim.

zu großflächiger Anlagerung von Flugsanden. Im Postglazial wurde die Nördliche Oberrheinebene mindestens 800 Jahre lang vom Neckar durchflossen. Damals folgte er dem Odenwaldrand nordwärts, kehrte dann dem Gebirge den Rücken und mündete nahe dem heutigen Trebur in den Rhein! Schotterbarrieren, die der Neckar selbst in die Ebene verfrachtet hatte, vielleicht auch Eisriegel, zwangen ihn zu dieser Eskapade.

Der »Seitensprung« des Neckars blieb nicht folgenlos. Noch jetzt ist der ehemalige Uferverlauf im Gelände auszumachen, meist kenntlich an der Vegetation, die von der Umgebung absticht – zum Teil Schilfdickichte und Riedwiesen, überwiegend aber Wirtschaftsgrünland. Mit der »Neuzenlache von Viernheim«, dem »Tongrubengelände von Bensheim und Heppenheim« sowie den »Altneckarlachen von Alsbach, Hähnlein und Bickenbach« stehen einige Ausschnitte des Altneckarlaufs jetzt unter Naturschutz. Wasserralle, Bekassine, Blaukehlchen, Pirol, Nachtigall, Braunkehlchen, Feldschwirl, Drossel-, Teich- und Schilf-Rohrsänger brüten hier. Am Rand der Lachen, in Gräben und Seggenriedern haben auch bemerkenswerte Pflanzen feuchter Standorte überlebt, unter anderen Sumpf-Ständelwurz, Blassgelbe Wiesenraute, Wasserfeder, Sattellippiger Wasserschlauch, Wassernabel, Sumpf-Platterbse, Zungen-Hahnenfuß, Sumpf-Greiskraut und Sumpf-Wolfsmilch.

Von ganz anderer Art ist die Vegetation an der Bergstraße. Eingestreut zwischen Rebkulturen und Obstwiesen, die zur Kirsch- und Apfelbaumblüte Anfang Mai tausende von Besuchern hierher locken, sind Magerrasen sowie thermophile Saumgesellschaften. Auch an der Bergstraße findet man solche Biotoptypen beziehungsweise Pflanzengesellschaften nur noch selten, denn kaum ein Landwirt mäht die steilen Wiesenhänge heute noch mit der Sense und die früher übliche Wanderschäferei (Transhumanz) ist zum Erliegen gekommen. Die im Gebiet, zum Beispiel an der Ostschulter des Hemsberges bei Zell oder auf der »Wasserschöpp« nahe Hambach, ausgebildeten Trespen-Halbtrockenrasen fallen durch ihren Blütenreichtum auf. Vertreten sind Pyramidenständel, Bocks-Riemenzunge (beide Arten wurden in den letzten Jahren möglicherweise angesalbt, das heißt vom Menschen angesiedelt),

Frühlingsimpression an der Bergstraße bei Heppenheim.

Helm-Knabenkraut, Karthäuser-Nelke, Hufeisenklee, Berg-Klee, Vogelfuß-Segge, Buntkronwicke, Skabiosen-Flockenblume, Turmkresse, Berg-Aster, Zartblättriger Lein, Fransenenzian, Blaugrünes Labkraut, Steppenfenchel und Flockenblumen-Sommerwurz.

Die Sommerwurzgewächse, von denen in der Bensheimer Gegend noch weitere Arten vorkommen, sind chlorophyllfreie Schmarotzer, die ihren Wirten Wasser und Nährstoffe entziehen. Parasit und Wirt stehen über einen knollenartigen Verbindungsstrang der Wurzelsysteme miteinander in Kontakt.

Dort, wo die Trockenlebensräume an Felder, Wegraine oder Waldmäntel grenzen, entdecken wir weitere typische Pflanzen trocken-warmer Standorte, etwa den Blutroten Storchschnabel, den Hügel-Klee, den Heide-Ginster, den Färberwaid, den Kleinblütigen und den Weichen Storchschnabel, die Weinbergs-Traubenhyazinthe und das Stickstoffanreicherungen liebende Herzgespann. Solche Habitatstrukturen präferiert auch eine Tierart, die von der Sensationspresse schon zur »Todesklaue des Odenwaldes« gestempelt wurde. Die Rede ist vom Dornfinger, einer (einschließlich der Beine) 4 cm langen Sackspinne mit in der Tat Furcht einflößenden Chelicerenklauen, die sogar die menschliche Haut durchbohren können. Gebissene klagten über starke Schmerzen, Beklemmungen im Brustraum und leichtes Fieber; Todesfälle jedoch sind bisher nicht bekannt geworden.

Ist die Bergstraße für ihren Wein und ihr Obst berühmt, erlaubt in der Oberrheinebene die besondere Klimagunst den Ausbau noch anspruchsvollerer Kulturpflanzen – Spargel und Tabak. Während der Tabak aus Amerika stammt, dürfte der Spargel eine urwüchsige Pflanze sein, die früher wild in den Rheinauen vorkam. Gegenwärtig hat der lukrative Spargelanbau den Tabak völlig in den Hintergrund gedrängt. Selbst die traditionsreichen Blattfrucht-, Hackfrucht- und Getreidekulturen verlieren von Jahr zu Jahr mehr Boden an das Edelgemüse. Gerade die Getreideäcker wiesen früher ein beachtliches Inventar an Beikräutern auf, das heute – infolge energischer Bekämpfung – bestenfalls in kümmerlichen Resten anzutreffen ist. So fanden beziehungsweise finden sich in der sandigen Hederichflur der Halmfrucht-Gesellschaften neben Acker-Stiefmütterchen, Krummhals, Hederich, Hirtentäschel, Acker-Gauchheil, Kornblume, Sand-, Saat- und Klatsch-Mohn Raritäten wie Acker- und Wiesen-Gelbstern, Zwerggras, Kahles Ferkelkraut, Lämmersalat, Kröten-Binse und Mäuseschwänzchen, in der lehmigen Feldritterspornflur Frauenspiegel, Acker-Schwarzkümmel und Feld-Rittersporn. Flurbereinigung, Verbauung, Ausweitung der

Vor der blauen Ferne des Odenwaldes erstreckt sich die Agrarlandschaft der Oberrheinebene. Bäume wie diese Waldkiefern sind eher selten.

Dem Feld-Rittersporn schrieb man früher Kräfte bei der Wundheilung zu und aus seinen Blüten stellten Apotheker Harn treibende Tees her.

Aus einigen Regionen Deutschlands wurden noch um 1955 zwei Millionen Hamsterfelle pro Jahr exportiert.

Die Braungelbe Sommerwurz parasitiert verschiedene Schmetterlingsblütler. In Luzerne- und Kleefeldern kann sie beträchtlichen Schaden anrichten.

Der Kugelköpfige Lauch gilt als Leitart einer Pflanzengesellschaft der subkontinentalen Trockenrasen.

monotonen Spargelkulturen und Biozideinsatz machen aber nicht nur den Wildpflanzen zu schaffen, sie haben auch manche Tierart des Kulturlandes an den Rand der Ausrottung gedrängt. So gehen die Bestände von Feldhase und Rebhuhn alarmierend zurück. Noch ärger sind Wachtel und Feldhamster betroffen. Vor allem der Besorgnis erregende Zusammenbruch vieler Hamsterpopulationen überrascht zunächst, zeugt doch ein Hamsterpaar pro Sommer mindestens 30 Nachkommen und war die Art noch vor zwanzig Jahren in Teilen ihres Verbreitungsgebietes eine ernste Plage für die Landwirtschaft. Nahrungsmangel ist, neben den bereits genannten Faktoren und dem Straßenverkehr, der Hauptgrund für das Verschwinden des possierlichen Gesellen mit dem bunt gescheckten Fell: Moderne Mähdrescher verkürzen die Erntezeit drastisch und hinterlassen kaum noch verwertbaren Abfall. Stoppeläcker werden unmittelbar nach der Ernte umgebrochen und die Tiere können keine ausreichenden Wintervorräte sammeln. Um die kalte Jahreszeit zu überbrücken, benötigt der Hamster aber eine Nahrungsreserve von einigen Kilogramm, die er im Herbst eintragen muss.

In starkem Kontrast zur agrarisch genutzten Landschaft stehen die Extremlebensräume der Flugsandgebiete mit ihren Sandrasengesellschaften, subkontinentalen Trockenrasen und deren ruderalisierten Stadien. Wenn im Juli das Land-Reitgras violetten Schimmer verbreitet und aus dem wogenden Grasmeer die gelben Fackeln der Königskerzen leuchten, fühlt man sich in eine osteuropäische Steppe versetzt. Leider nehmen die Standorte der Steppenflora meist nur noch geringen Raum ein, so um Seeheim-Jugenheim (Seeheimer Düne, Bickenbacher Düne) oder auch bei Darmstadt-Eberstadt (Düne am Ulvenberg). Allein die größeren Schutzgebiete »Griesheimer Düne« und »August-Euler-Flugplatz« bei Griesheim lassen erahnen, wie reich und vielfältig die Pflanzen- und Tierwelt der Flugsandbiotope einst überall war. Man muss sich allerdings klarmachen, dass der steppen- und wüstenartige Charakter dieser Lebensräume durch menschliche Nutzung zu Stande kam: Mittelalterliche Rodung befreite die eiszeitlichen Dünen vom Wald, Schaftrift hielt sie offen und in Bewegung.

So umfangreich ist die Artenausstattung der Vegetationskomplexe, dass man die am Aufbau der Habitatstrukturen beteiligten Spezies gar nicht alle aufzählen kann. Zu den Vertretern der Sandrasengesellschaften, die Pflanzen lückiger Pionierstandorte, konsolidierter Sand-Trockenrasen sowie der Zwischenstadien umfassen, gehören beispielsweise Mäuseschwanz-Federschwingel, Sprossendes Nelkenköpfchen, Zwerg-Schneckenklee, Silbergras, Kegelfrüchtiges Leimkraut, Sand-Lieschgras, Rispige Flockenblume, Sandstrohblume, Sand-Steinkraut, Niederliegendes Heideröschen, Sand-Filzscharte, Graugrünes Rispengras, Blaugrünes Schillergras, Sand-Radmelde, Sand-Wegerich und Sand-Thymian. In den subkontinentalen Trockenrasen hingegen dominieren – auf kalkreichen Sanden – Ohrlöffel-Leimkraut, Haar-Pfriemengras und Kugelköpfiger Lauch sowie – an sauren Standorten – Zierliches Schillergras, Sand-Grasnelke, Sandglöckchen, Hasen-Klee und Silber-Fingerkraut. Daneben sind ruderalisierte Pioniergesellschaften mit Scharfem Mauerpfeffer, Sand-Salzkraut, Zweijähriger Nachtkerze, Großblütiger, Mehliger und Windblumen-Königskerze sowie Hochgrasbestände, in die sich Hundszunge, Ochsenzunge, Graukresse, Weißes Seifenkraut, Wohlriechende Skabiose und Stolzer Heinrich mischen, ausgeprägt.

Wo solche Pflanzenvielfalt herrscht, sind auch zahlreiche Insekten zu Hause. Sandlaufkäfer überqueren hastig lückige »Schneisen« in der Vegetation. Am Grunde seines Fangtrichters im Lockersand lauert der Ameisenlöwe auf ein Opfer. Aufgeworfene Sandwolken verraten die extrem selten gewordene Geschnäbelte Kreiselwespe, die den Eingang zu ihrer Nestkammer freischarrt. Bis

Die aparte Wespenspinne spannt ihre Netze gern am Rand von Hochgrasbeständen oder Getreidefeldern.

Schönschrecke und Gefleckte Keulenschrecke bevorzugen die offene Sandvegetation. Im Übergangsbereich zur hohen Sandvegetation leben die Westliche Beißschrecke und der Verkannte Grashüpfer, in den Rasen der Kopflauch-Pfriemengrasgesellschaft sind es unter anderen Weinhähnchen, Zweifarbige Beißschrecke und Punktierte Zartschrecke. Waldgrille, Steppen-Grashüpfer und Wiesen-Grashüpfer schließlich besiedeln die Dominanzbestände der Rhizomgräser. – Bei einem solch opulenten Nahrungsangebot leiden Brutvögel keinen Mangel. Erwähnen muss man vor allem die Rote-Liste-Arten Brach-Pieper, Steinschmätzer und Haubenlerche (ob noch?).

zu 50 Beutetiere, meist Schwebfliegen, Schmarotzerfliegen und Stilettfliegen, trägt diese Grabwespenart für ihre Larve zusammen. Reseda-Weißling, Rotbraunes Ochsenauge und Rostbinde gaukeln von Blüte zu Blüte; in der Dämmerung begegnet man dem Nachtkerzenschwärmer. Auch Geradflügler gehören zum Ökosystem der Flugsandgebiete. Blauflügelige Ödlandschrecke,

Lassen wir uns aber vom schönen Schein des Augenblicks nicht blenden! Auch die Lebensgemeinschaften der Sandrasen sind selbst in Schutzgebieten gefährdet. Ohne Schafbeweidung oder sonstige menschliche Eingriffe unterbleibt die Umlagerungsdynamik der Sande und es setzt sukzessive Wiederbewaldung ein. Zudem sorgt der Schadstoffeintrag durch Autoabgase und Industrieemissionen für Beeinträchtigungen des sensiblen ökologischen Gleichgewichts.

Gräser und Herden der Großblütigen Königskerze dominieren im Juli den Vegetationsaspekt am Rand der Griesheimer Düne.

Ein Riesengrab

Das Felsenmeer bei Reichenbach im Odenwald

Vor langer Zeit lebten im Odenwald zwei Riesen. Der eine hauste auf dem Hohenstein, der andere gegenüber auf dem Felsberg. Aus nicht geklärtem Anlass gerieten sie eines Tages in heftigen Streit. Wütend, wie sie nun einmal waren, ergriffen die Trolle herumliegende Felsbrocken und bewarfen sich damit. Scheinbar hatte der Hohensteiner das größere Arsenal zur Hand, denn sein Gegner wurde von dem Steinhagel niedergestreckt – und da liegt er nun, begraben unter den gewaltigen Wurfgeschossen.

Das Märchen schildert uns die Entstehung jenes imposanten Blockmeeres, das am Südhang des Felsberges nahe der Straße von Reichenbach nach Beedenkirchen zu bewundern ist, recht drastisch. Nüchterne Zeitgenossen freilich werden sich mit dieser Erklärung wohl kaum zufrieden geben. Natürlich, so werden sie herausfinden, stammen die riesengroßen Steinmurmeln des Felsberg-Blockmeeres nicht vom Hohenstein. Als sichtbarer Teil eines mächtigen unterirdischen Ganges steht dort lediglich ein zwölf Meter hoher Kamm aus verkieseltem, das heißt durch Quarzintrusion mineralogisch verändertem Baryt. Die Gesteine vom Südhang des Visavis hingegen sprechen Fachleute als Quarzdiorit an. Quarzdiorit ist dem Granit sehr ähnlich; er besteht aus (im Vergleich zum Granit kalziumreicheren) Feldspat der Plagioklas-Gruppe, Quarz und Muskovit-Glimmer, denen Biotit und Amphibol beigemischt sind. Wie alle in der Erdtiefe erstarrten magmatischen Gesteine (Plutonite) zeichnet sich Diorit durch Einlagerung verhältnismäßig großer Kristallstrukturen aus.

Beim Aufstieg durch das Blockmeer kann man nachvollziehen, wie es zur Entstehung dieses Stromes aus Felstrümmern kam. Verwitterungsprozesse waren hierfür hauptverantwortlich. Typischerweise zerfallen dabei Plutonite zu ballen- oder sackähnlichen Klippen. Der Geologe

Das naschhafte Rehwild scheut die halsbrecherischen Blockströme. Nur deswegen kann sich die Buche natürlich verjüngen.

nennt dies folgerichtig »Wollsackverwitterung«: Durch Risse eingesickertes Wasser gefriert im Winter und sprengt das Gestein auf. Bei milderen Temperaturen löst das Wasser Minerale aus ihrem Verbund. Die Risse verbreitern sich allmählich zu Spalten; Ecken und Kanten werden abgerundet. Jeder der so gebildeten Rundlinge ist von lockerem Verwitterungsgrus umhüllt. Führt nun ein Bach mit starkem Gefälle durch den Verwitterungshorizont, spült er im Lauf der Zeit den Grus fort und die Blöcke sacken aufeinander.

Schon früh entdeckte der Mensch den Odenwald-Diorit für die Architektur. Nachweislich beuteten bereits die Römer hier Steinbrüche aus. Selbst nach dem Fall des Limes schufteten am Felsberg

Sagenumwoben – das Reichenbacher Felsenmeer.

Die Jungen der Waldohreule werden den Horst bald verlassen. Als flugunfähige »Ästlinge« haben sie aber noch Anspruch auf die Fürsorge der Eltern.

Die »Riesensäule« ist ein Zeugnis römischer Steinmetzkunst.

noch römische Steinmetze, wie die Verwendung von Material aus dem Felsenmeer für den Bau der Trierer Basilika 328 bis 337 n. Chr. bezeugt. Es war sicher kein leichtes Stück Arbeit, die ungeschlachten Blöcke mit den damaligen Mitteln in Form zu bringen. Lediglich Hämmer, Eisenkeile und die Schleudersäge, deren kupfernes Blatt über dem Rohling hin und her geschwungen wurde, standen zur Verfügung; feiner Quarzsand in der Sägerille sorgte für die nötige Reibung. Noch heute lässt sich die enorme Leistung der Altvorderen ermessen. Liegen gebliebene, meist fehlerhafte Werkstücke sind überall im Felsenmeer zu besichtigen. Besonders eindrucksvoll – die sogenannte »Riesensäule«, ein Koloss von 570 Zentnern und über neun Metern Länge, der seinen Bestimmungsort nie erreichte.

Zwar ist das Lärmen der Steinmetze verklungen, wer jedoch im Reichenbacher Felsenmeer die Stille sucht, um bedächtige Rückschau zu halten, wird enttäuscht werden. Vor allem an schönen Wochenenden stört der Auftrieb an Ausflüglern und Wanderern die Grabesruhe des Felsberger Riesen. Den scharrenden Füßen der Besucher ist vielerorts die einst artenreiche Moos- und Flechten-Flora des Blockmeeres gewichen; ganz verschwunden sind Wald-Geißbart, Riesen-Schachtelhalm und Schwarzstieliger Streifenfarn. Und wer die heimlichen Bewohner des steinernen Stromes, etwa Hermelin und Steinmarder, beobachten will, muss früh aufstehen oder an einem verregneten Werktag herkommen.

Schaufenster ins Tertiär

Die Grube Messel

Diplocynodon, ein kaimanähnlicher Alligator.

Wer den stillgelegten Ölschiefertagebau bei der Ortschaft Messel nahe Darmstadt aufs Geratewohl besucht und nur aus der Ferne, über Zäune hinweg, auf die Industriebrache blickt, mag vielleicht denken, was früher vielen durch den Kopf ging: Eine hässliche Narbe im Gesicht der Erde, ein unspektakuläres Loch, wie geschaffen, um darin die Abfälle unserer Konsumgesellschaft verschwinden zu lassen. Schlösse sich der Besucher aber einer jener geführten Gruppen an, für die, etwa am »Tag des offenen Denkmals«, die Tore des alten Abbaus geöffnet werden, dürfte er sich eines Besseren besinnen. Und er würde verstehen, warum die UNESCO dieses einzigartige Naturdokument 1995 zum Welterbe der Menschheit bestimmte. Die herausragende Bedeutung der Grube, ihren Ruf als eine der berühmtesten Fossillagerstätten weltweit, illustrieren Funde, die Wissenschaftler und Privatsammler hier seit 1875 zu Tage förderten. Dank des ausgezeichneten Erhaltungszustandes der Fossilien fügen sich die Abbilder von noch in den ursprünglichen Farben schillernden Insekten, von Skeletten, Haaren, Federn, ja Ganzkörperumrissen zu konkreten Vorstellungen vom Aussehen längst ausgestorbener Tiere. Überlieferte Mageninhalte und pflanzliche Beifunde erlauben Rückschlüsse nicht nur auf Nahrungsgewohnheiten, sondern auch auf das gesamte Ökosystem der Zeit vor 49 Millionen Jahren.

Schließen wir also einmal die Augen und versuchen wir uns zurückzuversetzen in die Zeit des Eozäns, jener erdgeschichtlichen Epoche, die den Aufschwung der Säugetiere erlebte und somit auch die Weichen stellte für die Evolution des beherrschenden Wesens dieser Klasse – des Menschen.

Mitteleuropa ist damals eine große Insel gewesen. Auch in den Rheingraben, der später, im Oligozän, die Mitteleuropäische Insel teilen sollte, war Meerwasser eingedrungen. Der Ort, den wir heute Messel nennen, lag also unweit eines Meeresarmes. Da er sich infolge geotektonischer Verschiebungen, die die gleich Eisschollen auf einem Ozean aus Magma treibenden Platten der Erdkruste ständig verlagern, gut zehn Breitengrade weiter südlich als jetzt befand, herrschte dort ein völlig anderes Klima. Es begünstigte einen subtropischen lianenreichen Regenwald, an dessen Rändern Palmen wuchsen. Sumpfzypressen gediehen am morastigen Ufer der in diese Landschaft eingebetteten Seen, desgleichen Aronstabgewächse und Schraubenbäume. Einige der Gewässer, darunter der Messeler See, ähnelten den Maaren der Eifel. Sie könnten so entstanden sein: Als sich der Oberrheingraben absenkte, quollen durch tief im Grundgebirge ansetzende Störungsbahnen heiße Gesteinsschmelzen auf. Im Kontaktbereich zum Grundwasser kam es zu gewaltigen Wasserdampfexplosionen. Asche-Eruptionen warfen am Rand der Explosionstrichter Tuffwälle auf. Bald überwuchte üppige Vegetation die Wälle; im Kraterinnern sammelte sich Süßwasser.

Im Messeler Regenwald und am Rand des eozänen Sees, besonders in seinen Zuläufen, pulste das Leben. Halbaffen, Nagetiere, Beutelratten, die zu einer Wurzelgruppe der Urhuftiere gestellten, krallenbewehrten Paroxyclaeniden und Vertreter der Creodonten (»Urraubtiere«) turnten durchs Geäst – stets auf der Hut vor Riesenschlangen, die mit ihnen den Lebensraum teilten. Der seltsame Langfinger, der keine lebenden Verwandten mehr hat, stocherte mit dürren, verlängerten Fingern Insektenlarven aus ihren Bohrgängen im Holz. Am Waldboden schnüffelten Haarigel und Känguru-Rüssler nach Beute. Schuppentiere und Ameisenbären suchten sowohl auf dem Boden als auch in Bäumen Nahrung. Truppweise waren die nur hundegroßen Urpferdchen unterwegs. Ihre

Messeler Urpferdchen mit erhaltenem Körperschatten.

Vettern, die Tapire, durchstreiften dagegen den Wald allein. Auch die langschwänzigen Buschschlüpfer der Gattungen *Masillabune* und *Messelobunodon*, urtümliche Paarhufer, lebten vermutlich einzelgängerisch im Unterholz. *Diatryma*, ein riesiger flugunfähiger Vogel aus der Verwandtschaft der Hühner und Gänse, mag die kleineren Säugetiere gelegentlich erschreckt haben. Ob er aber jener gewaltige Räuber war, als der er gern hingestellt wird, ist umstritten. Eine Menge anderer Vögel, darunter Racken, Eulen, Segler, Papageien und Schwalme, erfüllte den Messeler Wald mit ihren Stimmen. Offeneres Gelände bevorzugten vielleicht die trappengroßen Urstrauße und die auf Kleintierfang spezialisierten Seriemas. Ibisse, Flamingoverwandte und Messelrallen bevölkerten gewässernahe Habitate. Dort mussten sie sich vor Krokodilen in Acht nehmen, von denen sechs Arten vorkamen.

Überraschenderweise fehlen in der Messeler Lebensgemeinschaft manche Tiergruppen, zum Beispiel sehr große Säugetiere. Überhaupt ist zu bezweifeln, dass der See selbst ein so idealer Lebensraum war, wie man vermuten könnte. Von Zeit zu Zeit stiegen vom Seegrund wohl giftige Dämpfe auf – Reminiszenz der vulkanischen Vergangenheit. Dies würde erklären, warum der See zum Grab so vieler Fledermäuse und Vögel wurde: Während des Fluges gerieten sie in eine Giftwolke und stürzten ab. Die meisten anderen Tiere müssen von außerhalb hierher gelangt sein, nach dem Tod eingeschwemmt von Regenfluten, herbeigeführt von Bächen. Jetzt findet auch das Fehlen der Großsäuger eine Erklärung. Deren Kadaver waren zu schwer, um vom Wasser verfrachtet zu werden.

Im See vollzog sich aber das Vorspiel zur Fossilisation der Tiere. Bäche spülten ständig tonige Trübströme und Pflanzenreste ein. In diesen Faulschlamm sanken die »Wasserleichen« ab. Üppiges Algenwachstum sorgte für relative Sauerstoffarmut und schuf somit beste Bedingungen für die exzellente Erhaltung der Messeler Fossilien. Der Faulschlamm schließlich verfestigte sich im Lauf der Zeit zu bituminösem Tonstein (»Ölschiefer«), der die darin eingebetteten, mittlerweile mineralisierten Lebewesen konservierte.

Zum Glück scheint die Fundstelle Messel nun gerettet. Ein Schicksal als Mülldeponie blieb ihr erspart. So können Forscher hier weiter arbeiten, denn viele Fragen sind noch offen, längst nicht alle Arten wurden erfasst. Das, was man bisher fand, ist am schönsten in einer Ausstellung des Frankfurter Senckenberg-Museums präsentiert. Auch ein Besuch im liebevoll eingerichteten Messeler Heimatmuseum, das außerdem Führungen anbietet, lohnt sich.

Vergleichbare Hirschkäfer wie dieses fossile Messeler Exemplar gibt es noch heute in den Tropen Südostasiens.

Eurotamandua joresi ist der einzige je außerhalb Südamerikas gefundene Ameisenbär.

Rheingau, Mittelrhein, Taunus, Lahn

Winter am Brunhildesfelsen
auf dem Großen Feldberg
im Hochtaunus.

Leselust

Rebenland Rheingau

Duftender Riesling im Römerglas, verträumte Weinorte am Ufer des trägen Stromes, Rebhänge im Anstieg zum Taunus, prunkvolle Klöster und Schlösser – so kennen wir den Rheingau zwischen der Landeshauptstadt Wiesbaden und dem Niederwald westlich von Rüdesheim. Wer vermag sich vorzustellen, dass im Oligozän, als das Layout dieser Landschaft entstand, hier ein Meer brandete, in dem Haie schwammen und an dessen Gestade Krokodile auf der faulen Haut lagen?

Im Süden hatte das Oligozänmeer über den Oberrheingraben zunächst noch Verbindung zum Tethysozean, im Norden, vermittelt durch Wetterau und Hessische Senke, zur damaligen Nordsee. Steilküste wechselte mit Sandstränden, vorgelagerte Inseln brachen die Wellen. Im Mitteloligozän wurde der Rheingraben von den Weltmeeren abgeschnürt. Übrig blieb ein Brackwasser-Spiegel, der sich infolge Geländeabsenkung immerhin so ausdehnen konnte, dass weite Randbereiche in ihm versanken. Die damals abgelagerten Schleichsande bereiten den Winzern noch heute Kopfzerbrechen: Häufiger Wechsel von Ton, Sand und Mergel bedroht die Wingerte mit Rutschungen – Rebzeilen werden zerstört, Pfosten geknickt. Das Binnenmeer schrumpfte im Lauf der Jahrtausende, hatte am Ende des Oligozäns allerdings noch einmal Land erobert und fiel schließlich im Miozän trocken. Dinotherien, elefantenähnliche

Rheingauer Rebenlandschaft um Schloss Vollrads.

Dickhäuter mit hauerartig abwärts gekrümmten Stoßzähnen, brachen sich in den aufgekommenen Wäldern aus Lorbeer, Sumpfzypressen, Trompetenbäumen, Ginkgobäumen, Goldtannen, Magnolien und Mammutbäumen Bahn. Waldpferde, Tapire, Nashörner, Säbelzahnkatzen sowie scheinbar morgensternscher Fantasie entsprungene Unpaarzeher mit Pferdekopf und hakenförmigen Klauen an den dreistrahligen »Händen« gehörten zur Begleitfauna. Erst vor zirka 600 000 Jahren begann sich das uns vertraute Landschaftsbild abzuzeichnen. Der Ur-Rhein, der ursprünglich weiter westlich floss, hatte zuvor sein Bett in den nach ihm benannten, ständig weiter absinkenden Graben verlegt und sich mit dem Alpen-Rhein vereinigt. Vor dem Rheinischen Schiefergebirge war ein gewaltiger natürlicher Stausee (»Rheinhessensee«) entstanden, dessen Wassermassen nun allmählich nach Norden abflossen (siehe das folgende Kapitel). Wie um Kräfte zu sammeln, holte der Rhein jetzt mit weiter Schlinge vor dem Taunus aus und stemmte sich gegen die letzten harten Quarzitriegel der Binger Pforte.

In den miozänen Wäldern rankte eine Pflanze, die Botaniker *Vitis vinifera* ssp. *sylvestris* nennen – die Wilde Weinrebe. Die Liane ist dem Rheingau treu geblieben, nicht als Wildpflanze, sondern als Produkt züchterischen Fleißes, der die Rebe zur Freude aller Bacchus-Jünger veredelte. Aus dem Mittelmeerraum kam die Zuchtform zu uns, im »Gepäck« der Römer, die an Rhein und Mosel auch die Kunst des Weinbaus weitergaben. Perfektioniert haben diese Kunst jedoch Mönche. Die Zisterzienser, die 1135 das Kloster Eberbach gründeten, wurden mit ihrer Rieslingrebe zu Lehrmeistern des deutschen Weinbaus. Und den Johannisberger Mönchen wird die Entdeckung der Spätlese zugeschrieben. Wie eine Legende weiß, kam das so: Da Johannisberg zum Hochstift Fulda gehörte, musste die Erlaubnis zur Lese vom dortigen Fürstabt eingeholt werden. Ein reitender Bote überbrachte die Genehmigung. Im Jahr 1775 soll er sich erheblich verspätet haben. Auf diese Weise lernten die geistlichen Herrn den Wert der Edelfäule zu schätzen. Riesling ist nach wie vor die beliebteste Rebsorte im Rheingau, auch wenn man in der Geisenheimer Forschungsanstalt neue Reben zuhauf züchtete. Auf 80 Prozent der Gesamtanbaufläche von 3000 Hektar wächst er. Dahinter treten Spätburgunder, Scheurebe, Kerner, Silvaner, Grauburgunder und andere Sorten weit zurück. Wie ein saftiger Apfel soll er schmecken, der klassische Riesling. Süße ist den Edelauslesen, Beerenauslesen, den raren Trockenbeerenauslesen und den häufigeren Eisweinen vorbehalten.

Es gab eine Zeit, da übertrieben es die Rheingauer Winzer mit der Lieblichkeit ihrer Weine. Zu viel süßer Schmelz brachte den Riesling in Verruf. Das hat sich geändert. Qualität und (zunehmend) ökologischer Anbau sind die Zauberworte, mit denen die Rheingauer Weine zu alter Klasse zurückfanden. Auch andere Dinge waren dem Wandel unterworfen. Längst ist das Weinbau-Monopol der Kirche in weltliche Hand übergegangen. Nur noch wenige Weingüter werden von Mönchen betrieben. Einmalig dürfte die Abtei St. Hildegard in Eibingen bei Rüdesheim sein. Dort bewirtschaften Nonnen vier Hektar Rebfläche. Das Werk der »Weinschwestern« gereicht aber nicht allein dem Namen des Herrn zur Ehre, es erinnert auch an eine bemerkenswerte Frau – die Mystikerin, Naturforscherin (und Weinliebhaberin) Hildegardis, besser bekannt als »Hildegard von Bingen«. Ihr 1165 in Eibingen gegründetes Benediktinerinnen-Kloster brannte 1932 nieder. Die heutige Abtei entstand 1904 als romanisierender Baukomplex. Für unser Thema ist Hildegard als Autorin naturkundlicher Bücher hervorzuheben. So stellt das in zwei Teilen überlieferte *Liber subtilitatum diversarum naturarum creaturarum* eine der wichtigsten Quellen biologischer Kenntnisse des frühen Mittelalters dar.

Die besondere Aufmerksamkeit der heiligen Hildegard galt den Pflanzen. Heute wäre die Äbtis-

Die Abtei St. Hildegard bei Eibingen.

Im April verwandelt der Nickende Milchstern manche Rebhänge in ein weißes Blütenmeer.

Rote Rebsorten werden im Rheingau weit weniger ausgebaut als weiße.

Den Acker-Gelbstern erkennt man an seiner feinen Behaarung.

Kaum noch im Weinberg anzutreffen – der Runde Lauch.

Wie andere Weinbergspflanzen auch ist die Schopfige Traubenhyazinthe aus dem Mittelmeerraum bei uns eingewandert.

sin sicher erschrocken über den allseits grassierenden Artenschwund, der auch die einst reiche Flora der Wingerte und Äcker nicht verschont. Dem Großeinsatz von Technik und Chemie waren Großer Mannsschild und Acker-Ringelblume ebenso wenig gewachsen wie die Bocks-Riemenzunge. Acker-Klettenkerbel, Eiblättriges Schlangenmäulchen, Acker- und Wiesen-Gelbstern, Blauen Gauchheil, Gelben Günsel, Frühen und Frühlings-Ehrenpreis, Schopfige und Weinbergs-Traubenhyazinthe sowie den Runden und den Kugelköpfigen Lauch sieht man nur mehr vereinzelt im Weinberg; manche Arten, darunter auch Schlangen-Lauch und Weinbergs-Lauch, konnten immerhin auf Brachen, Randstreifen oder Wegränder ausweichen. Häufiger sind unsere Milchsterne; den Nickenden zum Beispiel trifft man noch massenhaft bei Hattenheim, den Doldigen bei Mittelheim. Sie wenigstens beleben heutzutage das Einerlei zwischen den Rebzeilen, wo inzwischen Löwenzahn, einige Ehrenpreis-Arten, Feldsalat und die Stängelumfassende Taubnessel den Ton angeben.

Auch nach den typischen Tieren der Weinberge halten Biologen oft vergebens Ausschau. Westliche Smaragdeidechse und Halsband-Schnäpper sind ausgestorben; das Rebhuhn ist zur Ausnahmeerscheinung geworden. Die Zippammer brütet in Rückzugsgebieten wie dem Niederwald, einem Taunus-Ausläufer zwischen Rüdesheim und Assmannshausen, der den Rheingau vom Mittelrheintal trennt. Im Schlosspark zu Wiesbaden-Biebrich hingegen haben sich interessante Neubürger eingestellt. Man kann seinen Augen ruhig trauen: Hier fliegen ganze Geschwader verwilderter Papageien! Acht Arten – allen voran Halsband- und Mönchssittich – sollen es mittlerweile sein, die das Käfigdasein gegen ein freies Leben im Park eintauschten.

Sogar auf der Rettbergsaue vor den Toren Wiesbadens nisten die eingebürgerten Exoten schon. Weiter westlich bilden Mariannenaue, Winkeler Aue und Rüdesheimer Aue eine Kette hessischer Rheininseln, die zusammen mit Refugien auf rheinland-pfälzischer Seite vom Internationalen Rat für Vogelschutz als Europareservat und Feuchtgebiet von globaler Bedeutung ausgezeichnet wurden. Für viele Vögel ist es ein wichtiger »Trittstein« auf dem Zug in die Brut- und Überwinterungsgebiete. An manchen Tagen versammeln sich in den Stillwasserzonen der Inseln tausende Reiher-, Tafel-, Krick-, Schnatter-, Pfeif-, Löffel-, Schell-, Trauer-, Berg- und Spießenten, dazu Gänse- und Zwergsäger, Kormorane, Graureiher, Graugänse, Hauben-, Rothals- und Zwergtaucher. Selbst so seltene Gäste wie Silberreiher, Weißkopf-Ruderente, Säbelschnäbler oder Weißflügel-Seeschwalbe hat man beobachtet.

Der Rhein und die Rebhänge sind das Kapital des Rheingaus. Sie zu schützen, war in unruhiger Zeit wichtigstes Gebot der Bewohner. Mit dem »Rheingauer Gebück« schufen sie daher im Mittelalter eine Verteidigungslinie, die von Lorchhausen bis Niederwalluf reichte und bis ins 17. Jahrhundert funktionstüchtig blieb. Das Gebück bestand aus Hainbuchenpflanzungen; die Äste verflocht man miteinander und »bückte« sie

zur Erde. Auf einem Verbindungsweg hinter dem Hag wurden die Besatzungen befestigter Schanzen, die auch als Einlasstore dienten, versorgt. Unweit des Schlangenbader Ortsteils Hausen wachsen die letzten lebenden Bäume dieser Anlage; am Bollwerk Weißenthurm bei Presberg hat man Teile der »Dornröschenhecke« rekonstruiert. Ganz in der Nähe des Gebücks, im Walluftal, aber auch in den angrenzenden mittleren Hanglagen des Rheingaus, lebt eine Tierart, die man in Hessen nur hier findet. Die Rede ist von der Äskulapnatter. Unsere größte einheimische Schlange, die in Ausnahmefällen zwei Meter Länge erreicht, ist ein Kulturfolger, der im Gebiet hauptsächlich Bruchsteinmauern, das Gebälk von Scheunen sowie Mist-, Kompost- und Heuhaufen (Eiablageplätze!) bewohnt. In Schlangenbad sorgt man sich sehr um die Natter, heißt es doch, die Heilkraft der dortigen Mineralquellen versiege so lange nicht, wie das Reptil am Ort vorkomme. Allerdings sind die Zeiten passé, da »diese Gegend mit einer großen Anzahl Schlangen erfüllet ist«. Zerstörung geeigneter Biotope, Straßenverkehr und Verfolgung bedrohen die Äskulapnatter mit Ausrottung.

Noch aber schlängelt sich das Tier durch Vorgärten und Gebüsche. Noch bietet die Natur des Rheingaus manches, das die Herzen von Naturfreunden höher schlagen lässt. Das Rebenland ist daher nicht nur Weinliebhabern ein lohnendes Ziel, sondern auch allen, die sich den Sinn für die Schönheit von Flora und Fauna bewahrt haben.

Die ausgeprägte grauschwarze Kopfzeichnung verrät das Männchen der Zippammer.

Aufgelassene Wingerte im Naturschutzgebiet »Niederwald« bei Rüdesheim.

Romantische Pfade

Das Obere Mittelrheintal

Blick über den Rhein und Burg Rheinstein nach Hessen.

Der windungsreiche Strom, steil aufragende Bergflanken, stolze Burgen – eine Landschaft, wie geschaffen, um die Fantasie der Menschen zu beflügeln. Bereist und besungen haben sie viele, auch die Dichterfürsten Lord Byron, Balzac, Heine und Goethe. Kultstätte des Teutonentums ist sie den einen, Hort weinseliger Gemütlichkeit anderen. Das Obere Mittelrheintal zwischen Bingen und dem Neuwieder Becken steht für die ganze Spannbreite deutscher Befindlichkeit: Nationalromantische, nationalistische, restaurative, aufklärerische und zivilisationskritische Stimmungen fanden hier Heimat, haben sich angezogen, durchdrungen oder abgestoßen und sind manchmal über das enge Flusstal hinausgeschwappt. »Natur«, meist in mystischer Verbrämung, war fast immer das Schlüsselwort der Gefühlswallungen, doch für eine reale Naturkunde, die Beschäftigung mit wissenschaftlichen Grundlagen, interessierten sich nur wenige.

Hessens Anteil am Oberen Mittelrheintal ist im wahren Wortsinn schmal. Er beschränkt sich auf das rechte Rheinufer zwischen dem Binger Loch und dem Niedertal nördlich von Lorchhausen. Eng rücken Taunus und Hunsrück an diesem Abschnitt des Mittelrheines zusammen, nähern sich einander bis auf 400 Meter. Zuflüsse haben die Talwände zerschnitten und stellenweise Buchten ausgeräumt, so dass der Rhein-Canyon nirgends düster und abweisend wirkt, sondern stets liebliche Kulisse bleibt.

Entstanden ist die eindrucksvolle Schlucht im Wesentlichen vor 800 000 Jahren – nach dem Anschluss des in den Vogesen entspringenden Ur-Rheins an den Alpen-Rhein. Die Vereinigung der Flüsse war durch Geländeeinbrüche im Südabschnitt des Oberrheingrabens möglich geworden. Der kräftig angeschwollene Strom drängte jetzt mit aller Macht nach Norden, stieß hier aber auf die Schwelle des Rheinischen Schiefergebirges, die ihm den Zugang zu seiner alten (tertiären) Rinne oberhalb der Binger Pforte nur durch einen viel zu engen Spalt gestattete. Der Rhein stieg infolgedessen stetig an und staute sich vor Taunus und Hunsrück zu einem riesigen See, der bis in die Gegend von Karlsruhe gereicht haben

dürfte. Schließlich schlug der »Rheinhessensee« an die breitere Begrenzung des tertiären Strombetts. Es kam zum Überlauf und die erosive Ausräumung des Rhein-Canyons zwischen Bingen und Koblenz nahm ihren Anfang. Erst mit zunehmender Erweiterung der Schlucht fiel der Wasserstand des »Rheinhessensees«; am Ende verschwand er völlig.

Pikanterweise ermöglicht die rheinland-pfälzische Rheinseite die besten Einblicke ins hessische Mittelrheintal – von einer der wie Perlen am Flusslauf aufgefädelten Burgen zum Beispiel oder von der Gaststätte »Schweizerhaus« aus, die man von Burg Rheinstein beziehungsweise vom Forsthaus »Heiligkreuz« bei Bingen zu Fuß erreicht. Wer allerdings nähere Bekanntschaft mit Fauna und Flora am gegenüberliegenden Ufer schließen will, muss sich natürlich vor Ort umsehen. Einen typischen Landschaftsausschnitt, in dem bewirtschaftete und aufgelassene Weinberge, xerotherme (warme und trockene) Wälder, Trockengebüsche, Felsfluren und Staudensäume ein Geflecht eng miteinander verwobener Lebensräume ausgelegt haben, lernt man auf einer Wanderung kennen, die vom Bahnhof Kaub zur Ruine Nollig bei Lorch führt.

Das Städtchen Kaub gehört bereits zu Rheinland-Pfalz. Wendet man am Ausgangspunkt der Wanderung den Blick, öffnet sich im Rückraum die Aussicht auf Burg Gutenfels und zur Rechten auf den Rhein mit der Felsinsel Falkenau. Dort liegt die 1607 auf den Fundamenten einer älteren Anlage errichtete Zollburg Pfalzgrafenstein. Auf der Fährte der napoleonischen Armee setzten hier in der Silvesternacht 1813/14 sowie an den darauf folgenden Tagen preußische und russische Truppen unter Feldmarschall Blücher über den Strom.

Hinter dem Bahnhof steigt unser Wanderweg gemächlich an. Er führt zunächst durch altes Kulturland mit Rebhängen und Weinbergsbrachen. Wer sich genau umsieht, entdeckt manche Pflanze, die heute, infolge Flurbereinigung, Herbizideinsatz und maschinengerechter Pflege der Wingerte, selten geworden ist: Acker-Filzkraut, Aufrechtes Mastkraut und Weinbergs-Traubenhyazinthe sowie – an Trockenmauern – Spurre, Mauer-Felsenblümchen und Bleiches Hornkraut. Von erhöhter Warte ertönt das kecke Zwitschern der Dorn-Grasmücke, in das sich gelegentlich die Pfiffe und Triller des Rotkopf-Würgers mischen oder das klingelnde »zitt zitteritt« der Zippammer. Der Würger und die Ammer sind im Schwerpunkt mediterran verbreitete Arten, denen es aber auch im warmen Rheintal gefällt. Leider nehmen ihre Bestände immer mehr ab.

Durch bodensauren Traubeneichenwald, dem Mehl- und Elsbeere beigemischt sind, gelangen wir auf die Höhe zwischen Rhein und Niedertal. Im Frühjahr blühen dort häufig Stinkende Nieswurz und Schlüsselblume. Steil fällt der Weg nun zum Tal hin ab. Auf seiner Sohle verläuft die hessische Landesgrenze. Die Waldwiesen im Niedertal liegen schon länger brach, können aber noch manche bemerkenswerte Pflanze wechseltrockener Magerstandorte vorweisen, die Blauviolette Akelei zum Beispiel, den Silau, den Langblättrigen Blauweiderich und das Knollige Mädesüß.

Wenn die Fräse den Boden zu tief aufreißt, verschwindet die Weinbergs-Traubenhyazinthe.

Der Rhein-Canyon, von Kaub aus gesehen.

Mauereidechsen bei der Paarung.

Zu den Charakterpflanzen der Wärme liebenden Säume zählt der Blutrote Storchschnabel.

Zitronenartiger Duft umgibt den Diptam.

An solchen Stellen fliegt der Violettblaue Waldbläuling.

In Richtung Rhein zieht der Weg am Gegenhang wieder bergauf – zuerst durch Eichen-Hainbuchenwald, dann in weiter Kehre um das Obertal und schließlich durch Niederwald, in dem ebenfalls Hainbuchen und Eichen den Ton angeben, zu einer Wegkreuzung in offenem Gelände. Den Waldrand schmücken zahlreiche Wärme liebende Pflanzen, darunter die Ebensträußige Margerite, das Salomonssiegel, die Pfirsichblättrige Glockenblume und das Sichelblättrige Hasenohr.

Ein kurzer Abstecher zur »Wirbelley«, wohin ein beschilderter Pfad abzweigt, zwingt uns nach rechts. Von der Klippe schweift der Blick über das Rheintal. Gegenüber, im malerischen Stadtbild Bacharachs, stechen der weiße Rumpf der romanischen Peterskirche und die Ruine der gotischen Wernerkapelle hervor; über dem Ort hält die Burgruine Stahleck Wacht. Zu unseren Füßen breiten sich Flecken des selten gewordenen Glanzlieschgras-Halbtrockenrasens mit Hügel-Meister, Sonnenröschen, Aufrechtem Ziest und Kugelköpfigem Lauch aus.

Zurück auf dem Hauptweg nach Lorch, passiert der Wanderer Felsrippen, Gehölzränder und verbuschte Weinbergsbrachen. In der Saumgesellschaft fällt der Blutrote Storchschnabel auf. An seiner Seite recken sich die Doldenblütler Arznei-Haarstrang und Hirschheil zur Sonne. Die Bibernellblättrige Rose bildet am Wegrand nur kniehoch wachsende Herden. Dazwischen leuchtet das Purpur des Hügel-Klees. Rund um den Aussichtspunkt unterhalb des Engweger Kopfes entdecken wir weitere Vertreter der mittelrheinischen Flora. So tritt hier wieder – in wenigen Exemplaren – die Weinbergs-Traubenhyazinthe auf. Im lichten, krüppelwüchsigen Traubeneichenwald weiter oben prangt der Diptam. Die prächtige, mit den Zitrusgewächsen verwandte Staude verströmt bei großer Hitze entflammbare ätherische Öle und soll daher beim »brennenden Busch« der Bibel Pate gestanden haben. Der »Star« unter den am Engweger Kopf vorkommenden Pflanzen aber ist das gelb blühende Brillenschötchen. Abseits seines Hauptverbreitungsgebietes in den Alpen hat es isolierte, meist stark gefährdete Populationen gegründet. Hier wächst es in geringer Zahl auf den Vorsprüngen eines Schieferabbruches.

Abwärts geht es nun zum Einschnitt des Betzbaches. Zur Linken flankiert das Trockenmauerwerk aufgegebener Rebflächen die Strecke. Wie tapeziert wirken die Steine mit Napf-, Kuchen-, Schön-, Schwielen- und Schüsselflechten. Bereits an den ersten heißen Apriltagen werden die Mauereidechsen munter. Wilde Verfolgungsjagden revierverteidigender Männchen und Paarungsspiele lenken unsere Aufmerksamkeit auf die agilen »Kriechtiere«. Von Mai bis September erfreuen bunte Blumen den Wanderer. Die ganze Farbpalette der Natur scheint über Wegränder und Böschungen gebreitet, wo sich Pflanzen der Halbtrockenrasen und Staudensäume begegnen. Zum Augenschmaus tragen Goldschopf, Skabiosen-Flockenblume, Buntkronwicke, Stolzer Heinrich, Acker-Wachtelweizen, Färber-Hundskamille, Edle Schafgarbe, Weinbergs-Lattich, Wegwarte und Rapunzel-Glockenblume bei. Der Färberwaid, der vor Bekanntwerden des Indigo den Rohstoff für die traditionelle hessische Blaufärberei lieferte, besiedelt Mauerkronen. Auch Fetthenne und Weißer Mauerpfeffer lieben diese Standorte. An ihren fleischigen Blättern entwickeln sich die Raupen des raren Fetthennen-Bläulings.

Im Grund des Betzbaches beschreibt der Weg eine Spitzkehre und nimmt allmählich die Höhe oberhalb von Lorch. Dort erhebt sich die Ruine Nollig. Auf einem Felssporn gelagert, überschaut der Rest des mittelalterlichen Wachturmes die Täler von Rhein und Wisper. Trockenheit und Hitze müssen die Bäume und Sträucher ertragen, die hier, teils in Spalten oder Ritzen blanken

gen oder exponierten Felsen lässt sich manchmal die Schlingnatter überraschen. Die harmlose, wenngleich bissige Schlange macht Jagd auf Mauereidechsen, die sie durch Erdrosseln (Umschlingen) tötet – daher der Name. Schmetterlingsfreunde zieht es ihrer Lieblinge wegen zum Nollig. Neben Bläulingen sind dies insbesondere Nachtpfauenauge, Mauerfuchs, Baumweißling, Schwalbenschwanz und Segelfalter. Die beiden letztgenannten Arten versammeln sich immer an den selben Rendezvousplätzen zur so genannten »Gipfelbalz«: Die reviertreuen Männchen bestehen dann regelrechte Luftkämpfe, in deren Verlauf – wenn die Territorien anderer Falter verletzt werden – sich wirbelnde Ketten bilden können, die die Walstatt umkreisen.

Gesteins, Wurzeln geschlagen haben. Im Mosaik der Gehölze aus Schwarzdorn (Schlehe), Eingriffeligem Weißdorn, Steinweichsel, Mehl- und Elsbeere, Berberitze, Kreuzdorn, Steinmispel und Felsenmispel fallen im Herbst die sich orangerot verfärbenden, dreilappigen Blätter des Felsen-Ahorns auf, der in Hessen nur im Mittelrheintal vorkommt. Beim Sonnenbad auf Mauervorsprün-

Wir sind am Endpunkt unserer Exkursion angelangt. Wer möchte, kann nun die beschriebene Strecke zurückgehen. Als Alternative bietet sich freilich auch der Abstieg nach Lorch an, von wo aus man – vielleicht nach ein paar Schlückchen Wein in einer der zahlreichen Straußwirtschaften – mit dem Zug zum Ausgangspunkt zurückkehrt.

In Flugpausen ruhen Segelfalter gern auf Büschen und Bäumchen aus.

Von der Höhe über Bacharach hat man gute Sicht auf den Engweger Kopf.

Stille Täler, weite Wälder

Das Wispertal im Rhein-Taunus

Das Wispertal im Vorfrühling.

Gerade erst ist die Sonne aufgegangen. Fahles Licht schimmert durch den Bodennebel, der sich wie Watte von Strauch zu Strauch spannt. Aus dem Nebelmeer ragen die Häupter eines Hirschrudels. Wie ein Schäferhund umkreist der Platzhirsch seinen Harem, damit ihm ja kein anderer ein Stück Kahlwild ausspannt. Sein sonorer Bass soll die Beihirsche in Schach halten. Die aber sind anhänglich wie Kletten. Eben hat der »Chef« einen Zudringlichen davongejagt, doch während er noch mit bebenden Flanken verschnauft, nähert sich schon ein zweiter. Zum Kampf, bei dem in brachialer Urgewalt Geweih auf Geweih prasselt, kommt es eher selten. Wird der Recke jedoch müde, schlägt die Stunde eines Rivalen. Im Nu macht sich der Nebenbuhler an ein Tier heran und treibt es fort. Findet die Entführte an ihrem stürmischen Liebhaber Gefallen, bleiben beide zusammen, andernfalls kehrt sie auf Umwegen zum Rudel zurück.

Nur in gut besetzten Rotwildrevieren nimmt die Brunft einen derart aufregenden Verlauf. Fehlt jedoch die Konkurrenz, geht es sehr viel ruhiger zu. Seit der Rothirsch zum Problemtier der Forstwirtschaft geworden ist – zu hohe Wilddichten schaden dem Wald, weil die Hirsche dann aus Nahrungsmangel Bäume schälen oder den Jungwuchs auffressen –, regeln Abschussquoten die Bestände. Dennoch gibt es Reviere, wo man das Brunftspektakel zumindest akustisch und, um die Tiere nicht zu vergrämen, aus größerer Entfernung miterleben kann. Im Rhein-Taunus, in den von lärmendem Ausflugsbetrieb verschonten Tälern jener Bäche, die zur Wisper streben, sind die Hirsche sogar bei Tag zu hören.

Die Wisper, die sich durch mürben Schiefer ihren Weg gebahnt und canyonartige Geländestufen ausgefräst hat, ist der Lebensnerv des Rhein-Taunus. Durch die Idsteiner Senke von Hoch- und Hintertaunus getrennt, laden seine einsamen Kuppen, Felsgrate, Schluchten und Bachauen zu ausgedehnten Wanderungen ein – etwa entlang der jungen Wisper südöstlich Nauroth, durch das Ernstbachtal zur Steinern Dell, im Presberger Tal zum Heidenloch oder auf einem Höhenweg von Weißenthurm zur Filslei.

Wo an Steilabbrüchen und felsgespickten Hängen nur mit Mühe Fortwirtschaft zu treiben war, haben sich urige Wälder mit Buche, Trauben-Eiche, Sommer-Linde, Berg-Ulme und Berg-Ahorn gehalten. Bucklige Baumgreise krallen hier ihre Wurzeln ins Gestein, recken korkenzieherartig gewundene und vom Wind dressierte Äste zum Himmel. Manche tragen lange Flechtenbärte. In diesen Wäldern überrieseln Quellaustritte schwellende Moospolster oder springen, zu ungestümen Bächlein geworden, über Stock und Stein zu Tal. Auf sickerfrischen Bändern an schattigen Schieferwänden siedeln viele Farne, zum Beispiel Gelappter Schildfarn, Tüpfelfarn, Breitblättriger Dornfarn, Zerbrechlicher Blasenfarn, Schwarzstieliger, Braunstieliger und Lanzettblättriger Streifenfarn sowie – ausnahmsweise – die Hirschzunge. Ein isoliertes, besonders weit nach Nordwesten vorgeschobenes Vorkommen hat der Wald-Geißbart in den Schluchten des Rhein-Taunus. An Schieferabbrüchen wurzeln der sonnenhungrige Felsen-Mauerpfeffer und der Schild-Ampfer. In lichten Waldteilen stehen Blauviolette Akelei, Cremeweißes Waldvöglein, Purpur-Knabenkraut, Diptam und Stinkende Nieswurz. Waldränder und Wegböschungen bieten Ebensträußiger Margerite und Büschel-Nelke gute Lebensbedingungen.

Die Gegend um Presberg rühmen Entomologen als sicheren Fundort des Hirschkäfers. Allerdings wird man den Käferriesen selbst hier kaum einmal zu Gesicht bekommen, denn er lebt vorzugsweise in der Wipfelregion des Eichenwaldes. Nur wenn man das Glück hat, eine tiefer liegende Wunde im Holz zu entdecken, die von den Tieren als »Saft-Zapfstelle« genutzt wird, besteht eine gute Chance. Mit ihren mächtigen Geweihzangen fechten die männlichen Käfer regelrechte Turniere aus, deren Ziel es ist, den unliebsamen Konkurrenten auszuhebeln und vom Baum herunterzuwerfen.

Von sonnigen Felsbalkonen überblickt die Wildkatze ihr Reich. Der scheue Jäger, der sich durch den dicken, stumpfen Schwanz von der Hauskatze unterscheidet, ist im Rhein-Taunus noch weit verbreitet. Auch Dachse leben hier. Um die behäbigen Großmarder mit dem schwarz-weißen Fell musste man zeitweise fürchten, denn im Zuge drastischer Tollwutbekämpfung, die sich gegen den Fuchs als Hauptüberträger richtete und ihm mit Giftgas zu Leibe rückte, wurden Dachsbaue oft mit begast. Seit man für den Fuchs mit Impfstoffen präparierte Köder auslegt, scheint der Dachs außer Gefahr. Ein anderer Marder, der Iltis, bevorzugt gewässernahe Habitate im Überschneidungsbereich mit Wald und Grünland. Im Wispertal und dessen Seitenarmen ist er noch

In scharfem Trab durchmisst dieser Rothirsch sein Revier.

Herbststimmung über dem Wispertal nahe Presberg.

Die Wasseramsel sorgt aufopferungsvoll für ihre Brut.

häufig, insgesamt aber leidet die Art unter dem Straßenverkehr, der Veränderung ihrer Lebensräume und der Anreicherung von Umweltgiften in der Nahrungskette.

Reiche Beute erwartet den Iltis unter den Blattschirmen der Pestwurzsäume, wo sich unter anderen Wald- und Sumpfspitzmäuse, Rötelmäuse, Hecken- und Gelbhalsmäuse gern aufhalten. Gutes Schwimm- und Tauchvermögen zeichnet die Wasserspitzmaus aus. Aquatische Insekten, Schnecken und Kleinkrebse stehen auf ihrem Speiseplan, aber auch Frösche und kleine Fische kann sie überwältigen. Die Lebensweise der Wasserspitzmaus ähnelt somit fast der jenes Singvogels, den man manchmal pfeilschnell einen Bachlauf entlangfliegen sieht. Nach der Landung knickst der Vogel – es ist die Wasseramsel – auffällig, wobei sein weißer Latz weithin leuchtet. Überraschend taucht der Federball dann plötzlich kopfüber in die Gischt, um am Gewässergrund nach Essbarem zu stöbern. Die Wasseramsel baut ein überdachtes Moosnest hinter Wurzelvorhängen der Uferböschungen, häufig auch unter Brücken.

Alljährlich im Frühling legt der Rhein-Taunus seinen prächtigsten Schmuck an. Wie von Malerhand hingezaubert, erblühen im noch kahlen Buchenwald Busch-Windröschen und Gelbes Windröschen, Hohler und Gefingerter Lerchensporn, Scharbockskraut, Dunkles Lungenkraut, Wald-Gelbstern, Fels-Schaumkresse und Seidelbast – eine Symphonie in Weiß, Gelb, Blauviolett und Rosa. Viel Zeit bleibt den Frühblühern nicht. Wenn der Wald Grün trägt, sind sie wieder zum Schattendasein verurteilt.

Im Tiermärchen gräbt »Grimbart«, der Dachs, dem verstorbenen Wolf die Gruft.

Der dicke Schwanz mit dem stumpfen Ende unterscheidet die Wildkatze vom »Stubentiger«.

Die Bergbäche des Rhein-Taunus führen noch sauberes Wasser.

Blick ins »Buchfinkenland«
Rund um den Großen Feldberg im Hochtaunus

Dem Reisenden, der, aus der Mainebene aufsteigend, den Taunuskamm überqueren wollte, um »hinter den Hecken« seinen Geschäften nachzugehen, riet früher hochnäsige Städterweisheit: »Hier, Wandrer, lass den Mut nicht sinken, hier kommst du in das Land der Finken«. Östlicher Hoch- und Hintertaunus, das waren noch bis nach dem 1. Weltkrieg Flecken, wo sich – aus Sicht der Vorlandbewohner – Fuchs und Has' gute Nacht sagten, wo Legenden vom Schinderhannes die Furcht vor Räubern wach hielten, wo die Leute selten etwas zum Beißen hatten, wo es kaum anderes gab als Wald und eben Buchfinken. Die wenigstens konnte man, wie auch Dompfaffen, Zeisige und Stieglitze, fangen und in einen Käfig sperren, damit sie die Menschen mit ihrem Gesang erfreuten.

Ähnlich beurteilten wohl die Römer vor knapp 2000 Jahren den Landstrich, der sich hinter dem Limes, ihrem Grenzwall, erstreckte. Die Demarkationslinie schied das Imperium Romanum vom »unzivilisierten« Germanien. So hat der schlechte Ruf, der dem »Buchfinkenland« anhaftete, Tradition. Bei Naturpuristen, die allein das Urwüchsige, Unverfälschte preisen, klingt er bis heute nach. Die Begründungen verkehrten sich freilich ins Gegenteil. Eingezwängt zwischen Ballungsräumen, zersiedelt und überlaufen, ist die einst als Bedrohung empfundene Natur überall auf dem

Blick von Treisberg über den herbstlichen Taunus nach Altweilnau.

Rückzug, sind die schäbigen Behausungen armer Weber, Nagelschmiede, Vogelsteller und fahrender Musikanten Nobelvillen oder der uniformierenden Architektur sogenannter Siedlungs- und Entwicklungsschwerpunkte gewichen. Nirgends im weiteren Umkreis Frankfurts ist die Belastung der Böden mit Schwermetallen höher als hier. Die artenreiche Flechtenflora, die noch um die Jahrhundertwende Botaniker entzückte, verschwand im Niederschlag des Sauren Regens, im Giftnebel der Autoabgase und Industrieemissionen. Orchideenwiesen und Auen voller Märzenbecher werden von Weidevieh zertrampelt und von Pferden, den neuen Wohlstandssymbolen unserer Gesellschaft. Die chemische Keule hat den bunten Strauß der Acker-Wildkräuter gelichtet und an Stelle der herkömmlichen Getreidefelder machen sich zunehmend monotone Mais- und Raps-Kulturen breit. Nur vereinzelt, so um Neu-Anspach, sieht man noch einige der allerdings auch hier stark zurückgehenden Beikräuter bodensaurer Stein- und Lehmäcker: Kornblume, Mäuseschwänzchen, Saat-Wucherblume, Acker-Löwenmäulchen, Acker-Ziest und Acker-Hahnenfuß.

Dennoch, wie reichhaltig und interessant die verbliebene Pflanzen- und Tierwelt im Naturpark Hochtaunus ist, kann jeder erfahren, der abseits ausgetretener Pfade wandert. Insbesondere das liebliche Tal der Weil und deren Zuflüsse, die erlengesäumten Läufe von Wiesbach, Sattelbach oder Laubach, in die sogar der Lachs zurückgekehrt ist, in denen Äsche und Mühlkoppe schwimmen und wo Eisvogel, Wasseramsel und Bergstelze Nahrung finden, bieten vielerlei Erlebnis- und Entdeckungsmöglichkeiten. Nicht minder reizvoll und von hoher landschaftlicher Qualität – der Usa-Abschnitt nahe Usingen zwischen Bremthaler Quarzitwerk und Ziegenberg. In den stillgelegten Abbau gegenüber dem Werk soll der Uhu wieder Einzug halten. Dort erklingen an warmen Abenden die glockenhellen Rufe der Geburtshelferkröte, und es gelingt vielleicht, eines der brutpflegenden Männchen mit um die Fersengelenke geschlungener Laichschnur aufzuspüren. Am Fuß moosüberzogener Steinbruchwände blüht das seltene Kleinblütige Wintergrün. Weitere lohnende Ziele sind der Buchstein bei Usingen-Eschbach, der Burghain Falkenstein, das Reichenbachtal bei Königstein, der dreigipfelige Höhenzug Rossert-Hainkopf-Dachsbau bei Eppstein, dessen Grünschieferuntergrund anspruchsvollen Pflanzen wie dem Großblütigen Fingerhut, dem Zierlichen Gelbstern und der Hohen Gämswurz die Existenz erlaubt, sowie der Altkönig und die Reifenberger Wiesen bei Oberreifenberg. Drei davon wollen wir nachfolgend näher vorstellen. Darüberhinaus seien, nicht nur dem Kulturinteressierten, Ausflüge zum rekonstruierten Römerkastell Saalburg und zu dem nahe gelegenen Museum bäuerlicher Kulturdenkmale »Hessenpark« bei Neu-Anspach mit seinen frei fliegenden Weißstörchen empfohlen.

Ein bemerkenswertes Naturdenkmal ist der Buchsteinfelsen (»Eschbacher Klippen«) am Nordrand des Usinger Beckens. Dieser bizarre, 60 m lange und 17 m hohe Quarzitkamm, an dem häufig Klet-

Winter im Hochtaunus

terer ihre Künste üben, erlaubt Einblicke in die geologische Vergangenheit des Taunus. Quarzit bildet das Fundament des Gebirgszuges. Er entstand aus Sand, den im Unterdevon Stürme von zwischen der Mitteldeutschen Schwelle und dem Old-Red-Kontinent gelegenen Inselbänken in einen Meeresarm des Tethys-Ozeans wehten. Dieser Meeresarm, der so genannte Stromberger Trog, lag vor 400 Millionen Jahren genau da, wo sich heute der Taunus erhebt. Auf der Mitteldeutschen Schwelle entspringende Flüsse wiederum lagerten hier toniges Material ab. Daraus wurden die mächtigen Tonschieferlagen gebildet, die typisch für den Taunus sind. Geotektonische Hebungen und Senkungen ließen im Schiefer Klüfte aufbrechen, die der kieselsäurereiche Quarzit ausfüllte. Mancherorts, etwa beim Buchstein, präparierten Verwitterung und Abtragung des weicheren Schiefers die Quarzitfüllung wieder frei.

Harte Felsriegel aus Quarzit stehen auch auf dem Gipfel des Altkönigs bei Königstein an. Ihre zu Blockschutt zerfallenen Halden lieferten den Baustein für eine bedeutende frühkeltische Ringwall-

Bei starkem Frost bilden sich am Steilhang des Hirschberges im Weiltal eindrucksvolle Eisvorhänge.

Der schmale Grat des Buchsteins bei Eschbach.

Quarzitrosseln bedecken an der »Weißen Mauer« die Ostschulter des Altkönigs.

Auf Schritt und Tritt begegnet man im Hintertaunus dem Rehwild.

Soll der Stinkkohl bekämpft werden oder nicht? Diese Frage erhitzt derzeit die Gemüter.

Vom Weißzünglein gibt es nur noch wenige Exemplare in Hessen.

anlage, deren Reste noch heute zu sehen sind. Düsterer Fichtenwald umgibt die Kuppe. Der hat, zumindest im Winter, durchaus seinen Reiz. Im verschneiten Forst lassen sich viele Vögel beobachten, die in den am Großen Feldberg bis auf 881 m ansteigenden Hochlagen des Taunus ihr Auskommen finden: Hauben- und Tannenmeise, Winter-Goldhähnchen sowie (mit viel Glück) Raufußkauz, dazu die nordischen Gäste Bergfink und Seidenschwanz. Der Fichten-Kreuzschnabel schert sich besonders wenig um die klirrende Kälte. Gerade jetzt, wenn die Fichtenzapfen Samen produzieren, zieht der gesellige Fink seine Jungen auf. Da und dort, zum Beispiel an der »Weißen Mauer«, zeugen windzerzauste Buchen, bemooste Berg-Ahorne, verwachsene Ebereschen und Mehlbeerbäume vom früheren Pflanzenkleid des Altkönigs. Diese Waldteile gelten als die ursprünglichsten im gesamten Taunus. Sie bergen zoologische Kostbarkeiten. Die Kugelspinne *Rugathodes bellicosus* etwa kommt sonst nur noch in Thüringen und im Riesengebirge vor. Mit ausgeschiedenem Sekret nährt diese Art ihre Brut. Sind die Spinnenkinder herangewachsen, fallen sie über die Mutter her und fressen sie auf! Ein entfernter Verwandter der Kugelspinne ist der Schneckenkanker *Ischyropsalis hellwigi*. Auch er wurde bisher an nur wenigen Orten gefunden. Sein Name deutet auf eine recht ungewöhnliche Ernährungsstrategie hin: Mit den kräftigen krebsartigen Scheren kann er Schneckengehäuse aufbrechen und den wohlschmeckenden Inhalt auslöffeln. Auch die Weitmündige Glasschnecke, eine weitere Seltenheit, gehört zu seinen Opfern.

Die Wanderung um den Altkönig lässt sich leicht mit einem Abstecher zum Reichenbachtal verbinden, das man über den Fuchstanz erreicht. Hierher locken Orchideen, Türkenbund, Seidelbast und Steinbeere vor allem Botaniker. Den Talschluss hat, wie auch andere ihr zusagende Plätze im Hochtaunus, in den letzten Jahren eine Pflanze erobert, an der sich die Geister scheiden – der zu den Aronstabgewächsen zählende Stinkkohl (Gelbe Sumpfcalla). Im zeitigen Frühjahr treibt dieser Neubürger aus Nordamerika wunderschöne gelbe Blüten, später riesige kohlartige Blätter. Seine Vermehrung geht allerdings zu Lasten der einheimischen, auf Quellfluren und saubere Bäche angewiesenen Flora.

Das floristische Kleinod im Hochtaunus sind jedoch die Reifenberger Wiesen. Auf nur 23,5 ha Fläche wechseln waldnahe Staudenfluren und Gebüsche mit Binsen- und Simsenriedern, Nasswiesen, Bachufer-Gesellschaften und Silikat-Magerrasen (Kreuzblumen-Borstgrasrasen) ab. Hier wächst noch fast alles, was eine hessische Waldwiese vor Intensivierung der Landwirtschaft auszeichnete. Neben aspektbestimmenden Arten

Wiesen-Leinblatt, Fieberklee und Arnika. Das Herz eines jeden Naturfreundes aber schlägt höher beim Anblick der vielen Orchideen. Vertreten sind Grünliche Waldhyazinthe, Breitblättrige und Gefleckte Fingerwurz, das Stattliche Knabenkraut, das Große Zweiblatt und die Mücken-Händelwurz. Das Weißzünglein komplettiert den Reigen. Es ist besonders schützenswert, da es hier einen seiner letzten Standorte außerhalb der Alpen hat. Drei weitere Orchideen, Hohlzunge, Brand-Knabenkraut und das Salep-Knabenkraut, sucht man heute leider vergebens. Auch andere Pflanzengruppen haben Verluste hinnehmen müssen: Waldmoor-Läusekraut, Moor-Klee und Blassgelber Klee sind ebenfalls ausgestorben.

Ein strenges Zutrittsverbot soll dies kleine Paradies bewahren helfen. Trotzdem sieht man immer wieder Arnika pflückende Spaziergänger und Ausflügler beim Picknick oder Sonnenbaden im Naturschutzgebiet. Sinnvoller wäre daher vielleicht die Erschließung der Wiesen durch einen Naturlehrpfad, der konkrete Informationen vermitteln könnte. Denn schließlich gilt auch hier: Nur was man (er)kennt, lässt sich effektiv schützen!

wie Schlangenknöterich, Wald-Storchschnabel, Schlüsselblume und Maiglöckchen kommen mit Heide-Ginster, Hain- und Berg-Flockenblume, Platanenblättrigem Hahnenfuß, Akelei, Türkenbund, Sumpf-Veilchen und Schmalblättrigem Wollgras auch seltene Pflanzen vor. Echte Raritäten sind Floh-Segge, Lanzenblättrige Glockenblume, Geflecktes Ferkelkraut, Moor-Löwenzahn,

Vor der Silhouette des Feldbergs blüht der Berg-Wohlverleih, besser bekannt als Arnika.

Auf den Reifenberger Wiesen fruchtet das Schmalblättrige Wollgras.

Auf Goethes Spuren
Im Lahntal

»Die Stadt selbst ist unangenehm, dagegen ringsumher eine unaussprechliche Schönheit der Natur … Jeder Baum, jede Hecke ist ein Strauß von Blüten, und man möchte zum Maikäfer werden, um in dem Meer von Wohlgerüchen herumschweben und alle seine Nahrung darin finden zu können.«

Den Briefroman, dem diese Zeilen entnommen sind, schrieb vor über 200 Jahren ein literarisch begabter Gerichtsassessor zu Wetzlar. Seine unglückliche Liebe zur Tochter des Amtmanns Buff und der Freitod eines Bekannten hatten ihn zu dem Werk inspiriert. Er nannte es *Die Leiden des jungen Werther* und setzte darin dem Städtchen Wetzlar ein wenig schmeichelndes, dem umgebenden Lahntal aber ein umso prächtigeres Denkmal. Johann Wolfgang Goethe, der Autor, war an der Lahn noch manches Mal zu Gast. Mineralien wollte er hier sammeln und neue Pflanzen für sein Herbar. Den naturkundlichen Neigungen Goethes schenken nur wenige Biografen gebührende Aufmerksamkeit, doch trieb er die *scientia amabilis* mit Leidenschaft und erwarb sich Meriten, die noch heute von den Naturwissenschaften anerkannt werden.

Ein Eisenhydroxid, der nadel- oder haarförmige Goethit (Nadeleisenerz), trägt seit 1806 den Namen des Poeten. Es kommt in der an Erzlagerstätten reichen Lahnmulde neben Limonit und Hämatit häufig vor. Die Entstehung jener Mineralien vollzog sich überwiegend hydrothermal: Nach Druckentlastung durch vulkanische Eruptionen wurden die Schmelzen des Ausgangsgesteins auf unter 400° C abgekühlt und als wässrige Lösungen aus dem Magma in Hohlräume des Nebengesteins abgepresst; dort sind sie auskristallisiert. Solche hydrothermalen Mineralbildungen finden sich im Lahngebiet als Gangfüllungen devonischer beziehungsweise karbonischer Ergussgesteine. Diese Ceratophyre, Diabase und Schalsteine (schiefrig-plattige Diabastuffe) säumen unterdevonische Grauwacken und Tonschiefer. Ebenfalls in das Devon (Mittel-Devon) fällt die Bildung von Kalkbänken. Hierbei handelt es sich um Riffzüge aus Korallen und Schwämmen, die auf Schalsteinschwellen gewachsen waren.

Die Gebänderte Prachtlibelle fliegt seltsam gaukelnd wie ein Schmetterling.

Nahe Villmar, auf dem rechten Lahnufer unweit des Bahnhofs, kann man sich noch heute Einblick in die verlorene Welt eines devonischen Schwammriffs verschaffen. Ein wohl einmaliger Aufschluss im stillgelegten Unica-Bruch lässt uns im Geiste in ein tropisches Flachmeer eintauchen, das knapp unterhalb des Wasserspiegels von unzähligen Matratzenschwämmen (Stromatoporen) besiedelt war und sicher einer mindestens ebenso großen Menge exotischer Fische Aufenthalt bot. Im Anschnitt sind weiter Trümmer von Seelilienstängeln, Korallenbruchstücke und Molluskenschalen zu erkennen, die die Dünung einst im zentralen Riffbereich ablagerte. Als »Lahnmarmor« wird der polierfähige Kalkstein der Villmarer Gegend bezeichnet, obwohl er sich nicht – wie echter Marmor – tief in die Erdkruste einprägte und demzufolge auch nicht die für Marmor typische, unter hohem Druck und bei hoher Tem-

Zwischen Arfurt und Villmar gönnt sich die Lahn in weiter Schlinge eine Verschnaufpause.

Blumenliesch nennt man die attraktive Schwanenblume auch (links).

An der Lahn erreicht der Milzfarn die Nordgrenze seiner Gesamtverbreitung (rechts).

Sonnenexponierte Steilwände, wie die des Arfurter Felsens, sind Extremlebensräume.

peratur entwickelte Kristallstruktur aufweist. Dagegen hat der »Lahnmarmor« seine reiche Zeichnung und Farbigkeit bewahrt. Das machte ihn zum begehrten Baustoff. Die Eingangshalle des Empire State Building in New York wurde damit ausgestattet, der Moskauer U-Bahnhof, die St. Petersburger Eremitage, der Palast des Maharadschas von Tagore sowie eine ganze Reihe weiterer Repräsentativbauten im In- und Ausland!

Gewöhnlicher Massenkalk, Diabas und Schalstein treten im Runkeler Lahntal und in der sich anschließenden Villmarer Bucht als nackte Felsen zu Tage. Die unterschiedlichen, sich teils durchdringenden geologischen Formationen sowie ein nach Hangexposition, Hangneigung, Oben und Unten gegensätzliches Kleinklima haben hier zu einzigartigen Vegetationsverhältnissen geführt: Trockenheit und Wärme liebende Pflanzen wachsen neben solchen, die kühle und feuchte Standorte bevorzugen, kalkstete Arten kommen in unmittelbarer Nachbarschaft kalkmeidender Spezies vor. Der »Arfurter Felsen« bei Arfurt und die »Wehrley« zwischen Villmar und Runkel sind daher zu Recht als Naturschutzgebiete ausgewiesen. Waldlabkraut-Eichen-Hainbuchenwald, in dem zeitig das Blausternchen blüht, ist ebenso anzutreffen wie Rosen-Schlehengebüsche mit Kreuzdorn, Liguster und Berberitze. Die Steinmispel besiedelt prall besonnte Felsbänder. Auf Simsen, in Spalten und Ritzen des nackten Gesteins finden Traubige Graslilie, Nickendes Leimkraut, Sonnenröschen, Scharfer, Milder, Weißer und Felsen-Mauerpfeffer, Fetthenne, Sprossendes Nelkenköpfchen, Durchwachsenes Hellerkraut, Triften-Knäuel, Edle Schafgarbe, Goldschopf, Felsen-Fingerkraut, Trauben-Gamander, Dichtblütiges und Wimper-Perlgras Halt. Eine Besonderheit stellt der Rheinische Steinbrech dar. Sein Verbreitungsgebiet beschränkt sich auf das Mittelrheintal sowie auf die Schluchten von Lahn, Mosel und Nahe; in Hessen ist er nur an den Lahnfelsen heimisch. Unter den artenreich vertretenen Farnen verdient insbesondere der seltene Milzfarn Erwähnung. Extreme Trockenheit vermag er zu überstehen, indem er die Fiedern seiner Wedel nach innen einrollt; ihre dicht mit braunen Spreuschuppen bedeckte Unterseite bildet dergestalt ein wirksames Hitzeschild. Schließlich entdecken wir im Saum der Wegränder und Gebüsche Färber-Hundskamille, Färber-Resede, Ross-Lauch, Skabiosen-Flockenblume, Karthäuser-Nelke, ferner die Wildform des Garten-Kerbels.

Die Lahn selbst ist in den letzten Jahren sehr viel sauberer geworden. Das Strömungsregime des Flusses wird freilich stark von Wehren und Staustufen beeinträchtigt, so dass die Sauerstoffbilanz – vor allem im Hochsommer – mitunter bedenklich ausfällt. An naturnahen Abschnitten aber kann man sogar vom Ufer aus Fische im Flachwasser spielen sehen. Meist handelt es sich um Barben, die in großen Schwärmen flussaufwärts ziehen, um über kiesigem Grund zu laichen. Bei Anglern sind Barben nicht beliebt, denn zur Fortpflanzungszeit erzeugt der Genuss ihres Fleisches Erbrechen und starken Durchfall. Den Lachs sähen Sportfischer lieber in der Lahn und tatsächlich soll die zwischen Salz- und Süßwasser pendelnde (anadrome) Art hier wieder eingebürgert werden. Allerdings will man sich auf Besatzmaßnahmen an den Zuläufen Weil und Dill beschränken, denn nicht jedes Hindernis, das der Mensch in die Lahn setzte, ist mit »Fischtreppen« zu umgehen. Das aber wäre nötig, um dem Lachs die Rückkehr aus dem Meer zu seinen Herkunftsgebieten im Binnenland zu ermöglichen. Es werden also zunächst in den Zuflüssen mittels spezieller Boxen befruchtete Eier »erbrütet«. Die Jungfische bleiben dann maximal fünf Jahre im Süßwasser. Nach weiteren drei Jahren – etwa so lange dauert der Aufenthalt im Meer – fängt man die heimkehrenden Lachse in der Lahn ab und bringt sie zu dem Bach, in dem sie schlüpften. – Bezeichnenderweise zählte Goethe, der ja als Gourmet gilt, den Lachs nicht zu seinen Lieblingsspeisen. Vielleicht war er ihm zu gewöhnlich, denn der Fisch ist seinerzeit noch so häufig gewesen, dass man ihn in herrschaftlichen Häusern dem Gesinde vorsetzte!

Ein anderes Problem der Lahn wird deutlich, wenn man einen Spaziergang oder eine Fahrradtour von Kirschhofen nahe Weilburg nach Gräveneck unternimmt. Von dem Radwanderweg, der die Dörfer verbindet, hat man stets gute Sicht auf den Fluss. Wer nun aber glaubt, hier eine intakte Ufervegetation vorzufinden, wird enttäuscht sein. An ihrer Stelle beherrschen Neophyten wie Drüsiges Springkraut, Topinambur, Ufer-Staudenknöterich, Feinstrahl und Flaumstängelige Goldrute die Szene. Neophyten sind Pflanzen, die seit dem 16. Jahrhundert im Gefolge der ihren Aktionsradius auf andere Weltteile ausweitenden Europäer hierzulande eingeschleppt wurden oder einwanderten. Manche zeigen ein besonders aggressives Ausbreitungsverhalten. Gerade Flusstäler bilden oft regelrechte »Wanderstraßen« für Neophyten, vor allem dann, wenn die ursprünglichen Auwälder gerodet wurden, also offene Stellen entstanden, an denen der Konkurrenzdruck durch heimische Arten gering ist. Dank ihrer hohen Fortpflanzungsrate und ihrer Durchsetzungskraft (etwa hoher Wuchs, Unterwachsen von Wurzeln) rücken sie fortan den »Altbürgern« immer stärker zu Leibe. Die Bekämpfung erwies sich in der Vergangenheit als aufwändig, kostspielig und wenig erfolgreich.

Das Drüsige Springkraut stammt ursprünglich aus den gewässerreichen Vorbergen des Himalaja.

Die »Mondlandschaft« des Kalksteinbruchs bei Untertiefenbach bietet vielen Tieren eine Heimstatt. Unter anderen brüten hier Turmfalke, Steinschmätzer und Haus-Rotschwanz.

Dem Blaukehlchen merkt man seine nahe Verwandtschaft mit der unscheinbaren Nachtigall kaum an.

Über der Lahnaue bei Heuchelheim wird es Abend.

Etwas besser sind jene Pflanzen davongekommen, die den direkten Kontakt mit dem Wasser brauchen. Verschiedene Laichkräuter, Wasser-Schwertlilie, Aufrechter Igelkolben, Teichrose, Pfeilkraut und sogar die in Hessen seltene Schwanenblume kann man noch entdecken. Doch haben der rege Freizeitbetrieb (Kanusport), die Anlage von Bootsländen und die Gewässerverunreinigung auch Lücken in die Bestände der Wasserpflanzen gerissen.

Dem Naturinteressierten bietet die Weilburger Gegend weitere lohnende Ziele. Den Tiergarten bei Hirschhausen zum Beispiel, der europäisches Großwild ausstellt. Zwischen 1685 und 1688 ließ Graf Johann Ernst von Nassau-Weilburg diesen Wildpark anlegen. Besonders bemerkenswert: Ein Lehrpfad informiert über den Beitrag Holz besiedelnder Pilze bei der Zersetzung organischer Materie sowie über ihre Fähigkeit, das Abwehrsystem und die Widerstandskräfte von Bäumen zu stärken.

Nicht weit ist es von hier zur »Kristallhöhle« nahe der Ortschaft Kubach. Die 200 m lange Höhle besticht durch bizarre Felsbildungen des anstehenden Massenkalkes, die mit champignonartigen Perltropfsteinen (Knöpfchensinter) übersät sind. Daneben fallen traubenförmige Stalaktiten auf. Sie entstehen dadurch, dass kalkhaltiges Wasser an der Höhlendecke entlangrinnt, verdunstet und der Kalk sich absetzt.

Die letzte Station unserer Reise führt in die »Lahnaue zwischen Atzbach, Dutenhofen und Heuchelheim« unweit von Gießen. Das 250 ha große Areal steht erst seit kurzem unter Naturschutz. Es umfasst mehrere Teiche, einen naturnahen Lahnausschnitt, Überschwemmungswiesen und Auwaldreste. Die Bedeutung der Aue als Brut- und Rastgebiet zahlreicher Vogelarten war ausschlaggebend für die Unterschutzstellung. Regelmäßig lassen sich Kormorane beobachten, ferner Graugänse, Reiherenten, Krickenten, Haubentaucher, Kiebitze, Rohrammern und Feldschwirle. Nordische Enten und Watvögel ruhen hier gerne aus. Selbst der Eisvogel kommt oft zu Besuch. Mit mehreren Brutpaaren ist das rare Blaukehlchen im Gebiet vertreten. Befremdlich wirken auf Kenner der heimischen Vogelwelt die Afrikanischen Buntgänse (»Nilgänse«) und Schwarzhalsgänse (»Kanadagänse«), die aus Parks oder Privathaltungen entkamen und nun fest in der Lahnaue eingebürgert sind. Wie der hohe Neophytenanteil in der Flora des Lahntales belegen auch diese Arten den Wandel, der nach dem Fall geografischer Barrieren vielerorts Lebensgemeinschaften erfasste und – über kurz oder lang – die Neuzusammensetzung natürlicher Gefüge mit sich bringen wird.

In rot-gelbem Herbstfeuer lodern die Laubbäume des Weilburger Tiergartens.

Westerwald, Westhessisches Bergland, Ost-Sauerland, Weser-Bergland

Blick vom Dörnberg zum Burghasunger Berg.

»...Über deinen Höhen pfeift der Wind so kalt.«

Der hessische Westerwald

Urkundlich wird der Name »Westerwald« zuerst im Jahr 1048 erwähnt. Derzeit bezog er sich auf ein Waldstück, das bis ins 14. Jahrhundert zum Reichsgut der Mark Herborn gehörte. In ihrem heutigen geografischen Zuschnitt auf den gesamten Raum zwischen Siebengebirge, Lahn und Sieg fand die Bezeichnung viel später Verwendung. Hessens Anteil an diesem Bereich des Rheinischen Schiefergebirges ist auf den Südosten beschränkt; er umfasst das Lahn-Dill-Bergland, das Dilltal sowie den Oberwesterwald und die Ostabdachung des Hohen Westerwaldes. Was die räumliche Gliederung nur erahnen lässt – eng benachbarte Vielfalt –, setzt sich im Kleinen, dargeboten als Preziosen aus dem Schatzhaus der Natur, fort.

Wer ahnt schon, dass tief im Schoß des Westerwaldes eine der wohl schönsten europäischen Höhlen verborgen ist oder dass es da einen Bach gibt, der zunächst spurlos verschwindet, um unversehens anderswo wieder aufzutauchen, oder welches Geheimnis jenen Berg umweht, in dessen unterirdischen Klüften sich Eis gebildet hat, das auch im Sommer nicht schmilzt?

Herb und spröde wirkt die Westerwald-Landschaft auf den ersten Blick. Ihre flachwelligen Höhenrücken, die selbst in der größten Erhebung, der 657 m hohen Fuchskaute, die Umgebung nur unwesentlich überragen, verdankt sie Verwitterungsprozessen, die das Gebirgsrelief bis auf

Im Juni ist die Hochfläche der hier schneebedeckten Fuchskaute nicht wieder zu erkennen: Dann leuchten überall die gelben Sonnen der Arnika.

den unterdevonischen Sockel einebneten. Nur wo im Tertiär Vulkane glutflüssiges Gestein spien, verleihen kegelförmige Kuppen dem Westerwald etwas mehr Profil. Die zu Basalt erstarrte Schmelze deckt im Hohen Westerwald ein Areal von 150 Quadratkilometern und kann örtlich 100 Meter mächtig sein.

Auch der Mensch hat die Landschaft mitgestaltet. Ackerbau, Viehtrift, Köhlerei und Lohschälerei, also die Gewinnung von Gerberlohe aus abgeschälter Eichenrinde, vernichteten die urwüchsigen Wälder. Als Schutzwall gegen den »Woost« – jene heftigen Schneestürme, die das Volkslied besingt – wurden ab dem 19. Jahrhundert auf baumfreien Flächen Fichten gepflanzt. Vereinzelt, besonders in den am stärksten dem Wind ausgesetzten Hochlagen, hat man allerdings weiter Vieh gehütet. Die traditionelle Form der Almend-Weidewirtschaft, bei der die Rinder eines Dorfes von Hirten nach Alter geschieden, aufgetrieben und während des Tages beaufsichtigt wurden, erhielt sich hier und da bis in die 70er Jahre des 20. Jahrhunderts. Isolierte Bäume mit ausladender Krone, in deren Schatten Herden und Hirten ausruhten, Wacholderbüsche zwischen Basaltblöcken, flammendes Heidekraut und die goldgelben Sonnenkörbe der Arnika sind die heute fast verschwundenen Zeugen der gemeindlichen Hute. Rinderhaltung auf Koppeln ist an ihre Stelle getreten. Mit der Hute verschwand auch das »Wäller Rotvieh«, eine anspruchslose kleinrahmige Rinderrasse. Das gelbe Lahnrind nahm seinen Platz ein, später Höhenfleckvieh und schließlich schwarzbunte Holsteiner, von denen man sich die Steigerung der Milchleistung versprach. Gegenwärtig nimmt, im Blick auf ihre größere Widerstandskraft und den besseren Fleischertrag, die Haltung »exotischer« Rassen wie Charolais, Angus, Galloway und Highlander zu.

Im oberen Dilltal wird eine andere alte, landschaftsprägende Wirtschaftsweise fortgeführt. Bei diesem »Haubergsystem« handelt es sich um eine Variante der Wechselwirtschaft, die ursprünglich in geregeltem Turnus agrarische Subsistenz mit Waldnutzung verband: In 16- bis 20-jährigem Umtrieb erntete man das junge Holz von Hänge-Birke, Hainbuche, Eichen und Erlen. Es diente der Gewinnung von Holzkohle, Gerberlohe und Brennholz. Ehe aus Stockausschlägen neuer Niederwald herangewachsen war, trieben Bauern ihr Vieh auf die Schläge und bestellten danach für zwei bis drei Jahre den Boden mit Getreide. Heute ist die landwirtschaftliche Nutzung aufgegeben, aber noch immer findet die genossenschaftlich organisierte Verlosung hangaufwärts ziehender Waldstreifen (»Jähne«) statt, auf denen Privatleute Jungholz einschlagen. Die Stämmchen werden als Kaminholz verkauft oder an die Hersteller von Naturmöbeln abgegeben. Manchen Tierarten sichert Niederwald, den der regelmäßige Umtrieb ständig wieder erstehen lässt, die Existenz. Hier-

Der Wiesen-Pieper ist ein typischer Vogel des Offenlandes.

Rinderhaltung auf Koppeln hat auch im Westerwald die früher übliche Hute abgelöst. Das Landschaftsbild indes ist noch ganz von dieser alten Form der Weidewirtschaft geprägt.

Unter den Basaltrosseln der Dornburg liegt Eis, das auch im Sommer nicht schmilzt.

An ihren charakteristischen Blättern leicht zu erkennen – die Berg-Ulme.

Das Tal des Aubaches nahe Langenaubach.

zu zählt insbesondere das schmucke Haselhuhn, das in den verbliebenen Haubergen an Dill und Diezhölze sein letztes nennenswertes Refugium in Hessen hat.

Die Stufen des Oberwesterwaldes bilden den Übergang vom Lahntal zum Hohen Westerwald. Im Arborner Talkessel steigt der Trauf jäh von 300 auf 600 Meter an. Südwestlich von Arborn liegt bei Rückershausen das »Rückershäuser Moor«, in dem prachtvolle Bestände der seltenen Himmelsleiter erhalten sind. Noch weiter im Westen, zwischen Wilsenroth und Frickhofen, thront die Dornburg. Hier beobachtete man schon 1839 ein merkwürdiges Phänomen: Noch bei hochsommerlicher Hitze hält sich im Innern des Berges Eis! Umgekehrt wurden – bei einer winterlichen Außentemperatur von −20° C – unter den Basaltbrocken (Rosseln), die den Südhang der Dornburg übersäen, +15° C gemessen. Dieser eigenartige Sachverhalt hängt mit der Luftzirkulation im klüftigen Gestein zusammen. Im Winter verhindert der starke Luftstrom, vergleichbar dem Zug eines Kamins, die Ausbildung einer geschlossenen Schneedecke (das heißt die Rosseln können sich oberflächlich erwärmen), im Sommer sorgt er unter der dämmenden Basaltdecke für Verdunstungskälte. Durch ein vergittertes Stollenloch ist das »Ewige Eis« der Dornburg auch von außen sichtbar.

Der Naturfreund, der eine weitere geologische »Zutat« des Westerwaldes – Kalkstein – kennen lernen möchte, wendet sich nach Norden. Bei Breitscheid und Erdbach findet er, wonach er sucht: Iberger Kalk, der aus den Ablagerungen eines oberdevonischen Korallenriffs entstanden ist und uns hier ein neues Rätsel aufgibt. Am Ortsrand von Breitscheid nämlich versickert der zuvor lustig dahinplätschernde Erdbach urplötzlich in einem Trichter. Bei diesem Schluckloch handelt es sich um den Deckenversturz einer Karsthöhle, die den Bach nun aufnimmt, ehe er nach vierzehnstündiger Reise 105 Meter tiefer im Erdbacher Steinbruch wieder zu Tage tritt. Ganz in der Nähe liegt ein geologischer Aufschluss, dessen sandig-tonige Schichten, der sogenannte »Kulm«, fossilienreich sind und darum unter Naturschutz stehen. Im Erdbacher Ortsmuseum kann man sich einen Überblick über jene Lebewesen (Goniatiten, Orthoceren, Trilobiten, Muscheln etc.) verschaffen, die den Grund des Urmeeres im Unteren Karbon bevölkerten.

Das größte Wunder des Breitscheid-Erdbacher Riffzuges ist der Öffentlichkeit (noch) nicht zugänglich. An einem Adventssonntag des Jahres 1993 stießen Amateurforscher hinter einer Felsspalte auf ein weit verzweigtes Höhlensystem, das sich über 3,2 Kilometer und drei Etagen erstreckt.

Wenige, kaum verbundene Teilfrüchtchen zeichnen die Steinbeere aus (links).

In seinen knollig verdickten Wurzeln enthält der Pyramiden-Eisenhut ein starkes Gift. Unsere Vorfahren bestrichen damit Pfeile oder präparierten Köder für Wölfe (mitte).

Färbung und Zeichnung der Gefleckten Fingerwurz sind – wie bei Orchideen häufig – variabel (rechts).

Angesichts der Pracht seiner Tropfsteinbildungen und der Fülle versinterter Tierknochen wird es bereits mit den schönsten Höhlen des Kontinents verglichen. Um diesen einmaligen Fund nicht zu gefährden, beschlossen der Eigentümer, die Medenbacher Kalkwerke, und das Hessische Landesamt für Denkmalpflege, den vorerst nur wenigen Eingeweihten bekannten Eingang bis auf weiteres zu sperren.

Südlich des Haigerer Ortsteils Langenaubach begegnen wir dem oberdevonischen Riffkomplex erneut. Er baut dort einen 30 Meter hohen, von Höhlen durchlöcherten Felsen auf, der nach den früher in seinem Innern vermuteten Wildleuten (Zusammenhang mit urgeschichtlichen Funden) den Namen »Wildweiberhäuschen« erhielt. Von hier aus kann – dem Tal des Aubaches bergan folgend – eine Wanderung in Richtung Rabenscheid unternommen werden. Sie führt durch alle geologisch relevanten Horizonte des Westerwaldes und macht mit den Pflanzen vertraut, die auf den verschiedenen Böden wachsen. In der Umgebung des Wildweiberhäuschens zum Beispiel trifft man auf Mischwald mit Sommer-Linde, Buche, Berg-Ahorn und Berg-Ulme, in dem, teils in Bachnähe, die typische Flora kalkreicher montaner Standorte gedeiht, unter anderen Blauviolette Akelei, Seidelbast, Breitblättrige Glockenblume, Pyramiden-Eisenhut, Süße Wolfsmilch, Wunder-Veilchen, Winter-Schachtelhalm und Steinbeere, um nur die selteneren Arten zu nennen. Hinter der aus Basaltsteinen gemauerten Aubachbrücke betritt der Wanderer ein Gebiet, in dem die Tonschiefer des Grundgebirges vorherrschen. Allerdings passiert man linker Hand den Schönbühl, der ein begrenztes tertiäres Basaltvorkommen inmitten paläozoischer Bildungen darstellt. Wer in den heute als Naturdenkmal ausgewiesenen Abbaukrater blickt, erhält einen guten Eindruck von der Formenvielfalt der Ganggesteine. Die Flora des Schieferzuges ist äußerst artenarm. Sie setzt sich weitgehend aus anspruchslosen Waldgräsern und Simsen zusammen. Dies ändert sich völlig, wenn man den Bereich der über Deckbasalt ausgeprägten frischen Bergwiesen, Waldgersten-Buchenwälder und Ahorn-Eschen-Schluchtwälder erreicht hat. Auf den Wiesen erfreuen vor allem Orchideen wie die Gefleckte Fingerwurz oder die Ende Mai blühende Trollblume das Auge, in den Wäldern sind es Arten wie Bergwald-Johannisbeere, Berg-Ziest, Schnee-Pestwurz, Quirlblättrige Weißwurz, Mondviole (Silberblatt) und Schuppenwurz. Das Frühjahr kleidet diese Wälder in ein besonders farbenfrohes Gewand. Herden des Hohlen Lerchensporns mischen sich mit denen von Busch-Windröschen und Gelbem Windröschen, dazwischen leuchten die Blüten des Dunklen Lungenkrauts und der Frühlings-Platterbse. Mit etwas Glück lässt sich sogar ein Trupp des sehr seltenen Scheidigen Gelbsternes entdecken.

Unsere Wanderung endet bei der Fischbach-Mühle unweit von Rabenscheid. Trifft man dabei zufällig den alten Müller, kann man zum krönenden Abschluss damit rechnen, aus seinem Mund mancherlei Wissenswertes über die Mühle und die harte Arbeit der Müllersleute zu erfahren.

Der Rabenkrähe scheint die Anwesenheit des Rot-Milans nichts auszumachen. Ob sie wohl weiß, dass sich der kleine Verwandte des Seeadlers vorwiegend von Aas und Abfällen ernährt?

Im Upland

Hochheiden bei Willingen im Sauerland

Beim Namen Willingen denken viele Bundesbürger, ja selbst die meisten Hessen, an Wintersport. Hier steht die Mühlenkopfschanze, Deutschlands größte Skisprunganlage. Alljährlich versammelt sich am Ort die Weltelite der Nordischen Skiathleten. Ein Flecken, der früher seine Bewohner mit Landwirtschaft mehr schlecht als recht nährte, und wo die Menschen gezwungen waren, als Kesselflicker oder Leinenverkäufer übers Land zu ziehen, hat sich, gemessen an den Übernachtungszahlen, zum beliebtesten Ferienziel Hessens gemausert – vor allem dank seines Wintersportangebots. Willingen lebt heute zu fast 100 Prozent vom Fremdenverkehr.

Attraktionen ganz anderer Art locken Naturfreunde ins Upland (wie der niederdeutsche Ausdruck für Hochland lautet) am Nordostabfall des Rothaargebirges. Denn einzigartig in Hessen sind die Bergheiden rings um Willingen. Oberhalb 700 m über NN erstrecken sie sich, teils die Grenze zu Nordrhein-Westfalen überlappend, an Osterkopf und Kahler Pön, auf dem Ettelsberg und im Neuen Hagen, freilich überall bedrängt von Fichtenanpflanzungen und den Einrichtungen des Wintersportbetriebs. Am prächtigen Schauspiel der »brennenden« Heide, das im Spätsommer tausende Ausflügler in seinen Bann schlägt, hätte gewiss auch Hermann Löns Freude gehabt.

Wie viele Landschaftsformen, die uns »natürlich« erscheinen, verdanken die Bergheiden ihre Existenz allerdings menschlichen Eingriffen. Der ursprüngliche Waldbestand, in dem die Buche vorherrschte, wurde bereits früh durch Viehtrieb und Holzentnahme in Offenland umgewandelt. Karge, meist basenarme Böden und lang andauernde, schneereiche Winter begünstigten den Prozess. Immerhin muss es Reste natürlicher Zwergstrauch-Gesellschaften gegeben haben, Reliktstandorte eiszeitlicher Vegetation, von denen aus die Begründung weitläufiger Heideflächen erfolgte. Die später als Windschutz eingebrachten Fichten belebten anfangs das Landschaftsbild; sie boten den früher verbreiteten Birkhühnern Deckung und Winternahrung. Heute ist das Birkwild aus den Hochheiden des Sauerlandes verschwunden, Heidelerche und Braunkehlchen sieht man nur noch selten. Schuld daran sind der immer enger gezogene Kordon aus Fichtenplantagen und die mit dem Massentourismus einhergehenden Störungen.

In den verbliebenen Heidegebieten bestimmt die im August blühende Besenheide den Aspekt. Dann liegt ein rötlich violetter Schleier über der

Mit dem Reisig der Besenheide fegte man früher die Stuben.

Heide am Osterkopf bei Usseln.

Die Preiselbeere gedeiht im Sauerland noch heute so üppig, dass Ende August Alt und Jung ausziehen, um die Früchte zu ernten.

Moosrasen und Heide aus der Grashüpferperspektive.

Landschaft. Um möglichst große Areale dieser Pflanze zu erhalten und um ihre Ausbreitung zu fördern, sind Pflegemaßnahmen nötig. Dazu gehört einmal die Beweidung. So dürfen sich im Sommer Heidschnucken an den Besenheidebeständen satt fressen. Die Beweidung regt die Zwergsträucher zum Neuaustrieb an. Aufkommende Bäumchen werden von den Schafen gleich mit verspeist. Damit sich die Heide aber verjüngen und Neuland besiedeln kann, muss man sie von Zeit zu Zeit »abplaggen«: Mit breitscharigen Hacken wird eine Fläche vollständig vom Pflanzenwuchs samt der Rohhumusdecke befreit. Die gewonnenen Plaggen dienten früher als Stallstreu und, vermischt mit den Fäkalien der Tiere, als Dünger. Auf dem nackten Boden verjüngt sich die Besenheide, die ein Alter von 30 Jahren erreicht, durch Selbstaussaat. Schon bald ist auf dem geplaggten Stück ein dichter Sämlingsteppich herangewachsen.

Nur wenige andere Pflanzenarten können sich neben der Besenheide behaupten. Gräser wie Draht-Schmiele, Borstgras und Dreizahn schaffen das und der Tormentill, der wegen seines im Innern blutrot gefärbten Wurzelstocks auch Blutwurz heißt. Auffälliger und ihrer Früchte halber bei der Bevölkerung heiß begehrt sind Heidelbeere und Preiselbeere. Viel seltener sieht man Rauschbeere und Krähenbeere. Kenner norddeutscher Heidelandschaften werden vielleicht die dort allgegenwärtigen Wacholdersäulen vermissen. In den Hochlagen des Uplandes aber trotzen nur wenige Exemplare Schnee, Kälte und

sich eine Fülle verschiedener Flechten und Moose angesiedelt. Häufig sind die Rentierflechten *Cladonia arbuscula* und *Cladonia gracilis* sowie Isländisch Moos, das trotz seines Namens zu den Flechten zählt. Besonders hübsch sehen die Polster des goldgrün leuchtenden Rotstängelmooses aus.

Die Region um Willingen ist durch ein dichtes Netz von Wanderwegen erschlossen. Wer sich überall umschauen möchte, bedürfte eines längeren Urlaubs. Beschränkung tut daher Not. In jedem Fall lohnt der Besuch des Naturschutzgebietes Neuer Hagen, das die größten Heidebestände aufweist, und ein Aufstieg zum Osterkopf bei Usseln, von wo sich bei klarer Sicht atemberaubende Ausblicke über halb Hessen und bis nach Thüringen hinein bieten. In den Hochmoorresten Jägers Weinberg und Alter Hagen im Ittertal bei Stryck schließlich trifft man auf Erlen-Birkenbruchwälder mit Moosbeere, Siebenstern, Korallenwurz, Kriech-Weide und Fieberklee. Wo es trockener ist, kommt auch die Stechpalme vor. Die Pflanze wächst im Gebiet am Ostrand ihrer natürlichen Verbreitung.

Im Gegensatz zu seinen nächsten Verwandten hat der Feld-Enzian nur vier Kronzipfel.

Sturm. Ein typischer, wenngleich rarer Vertreter der Bergheidenflora ist hingegen die windende Quendel-Seide, die ihren Wirten, meist der Besenheide, mittels Saugwurzeln Nährstoffe entzieht. Vierkantiger Flachbärlapp, Arnika und Feld-Enzian stehen mittlerweile auf der Roten Liste der bundesweit vom Aussterben bedrohten Arten. Unter und zwischen den Zwergsträuchern hat

Verschneite Fichten bei Willingen. Dort liegt das Zentrum des hessischen Wintersports.

Nationalpark in Wartestellung
Kellerwald und Edersee

Die Weichen schienen gestellt. Im Kellerwald – zwischen Edersee, Lorfe-Bach, Quernstgrund und Wese-Bach – sollte Hessens erster Nationalpark entstehen. Dann aber kam es doch anders. 1999 wurde die rot-grüne Landesregierung abgewählt, das zukunftweisende Vorhaben von der neuen Volksvertretung zu den Akten gelegt. Zu energisch hatten Jäger, Förster, Betreiber von Freizeiteinrichtungen sowie die ein weiteres Anschwellen der Touristenströme (und des Autoverkehrs) fürchtenden Edersee-Gemeinden gegen die Gründung des Parks protestiert. Auch wenn die Argumente von Nationalparkgegnern teilweise nachzuvollziehen sind, bleibt ein bitterer Nachgeschmack: Einmal mehr durchkreuzten parteipolitisches Kalkül und Eigennutzdenken die Vision von einem Stück Natur, das sich frei, das heißt ohne menschliche Eingriffe, entfalten darf.

Gelohnt hätte sich die Auszeichnung mit dem höchsten Naturschutzprädikat, das Länder vergeben können, durchaus. Schließlich überzieht einer der größten unzersiedelten Buchenwaldkomplexe Westeuropas die als Nationalpark vorgesehenen Bereiche des Kellerwaldes. Es wäre allerdings ein langer Weg gewesen, bis sich aus von Mensch und Tier strapazierten Forsten wieder Wald entwickelt hätte, der die Bezeichnung Wildnis verdient. Schon der Name Kellerwald – zu übersetzen mit »Köhlerwald« oder »Kahler Wald« – deutet auf früheren Raubbau an der Natur hin. Die Verhüttung anstehender Eisen- und Kupfererze verschlang Unmengen Holzkohle. Allenthalben qualmten Meiler; weithin löste sich der Wald in Rauch auf. Außerdem diente er als Viehweide. An den mächtigen Überhältern, unter denen die Herden Schutz vor Sonne und Unwettern suchten, erkennt man noch heute die »Triescher«, wie in der Gegend alte Huteflächen genannt werden. Ohne die Jagdleidenschaft der Waldecker Fürsten, die im Kellerwald dem Waidwerk nachgingen und daher den Baumbestand ihres Reviers schonten, gäbe es hier womöglich gar keinen Wald mehr – oder nur Fichteneinöde, denn mit Nadelhölzern wurden die schlimmsten Blößen ab dem letzten Jahrhundert aufgeforstet.

Paläozoische Gesteine kernen den Kellerwald. Neben Quarzit, der auf dem 675 m hohen Wüstegarten zu einem Haufen »unordentlicher« Blöcke zerfiel, sind dies Ton- und Kieselschiefer, Grauwacken und Diabas. Sein geologischer Aufbau zeigt demnach Anklänge an das Rheinische Schiefergebirge und an das Bergisch-Sauerländische Gebirge, von dem er freilich durch das Edertal getrennt ist.

Der Eder verdankt der Kellerwald *die* Touristenattraktion weit und breit. Seit dem Bau der Talsperre 1913/14 liegt hier Hessens größter See. Maximal nur einen Kilometer breit, streckt sich der Edersee 27 Kilometer, bringt es aber, dank seiner Windungen, auf eine Uferlänge von 69 Kilometern – ein Fjord aus Menschenhand! Heute ist der Edersee ein Dorado für Wassersportler. Ob

Pestwurzflur im malerischen Lengelbachtal südöstlich von Ederbringhausen.

Steil fällt der Hang der »Kahlen Hardt« zum Edersee hin ab.

einer der Freizeitkapitäne oder jemand aus der Masse der ungezählten Besucher, die beim Blick in den Abgrund hinter der Hemfurther Staumauer wohligen Schauer verspüren, des malerischen Fachwerkdörfchens Asel gedenkt, das in den Fluten des Sees versank?

Wie weiße Schwäne mit stolz angestellten Flügeln wirken aus der Vogelperspektive die vielen Segelboote auf dem See. Wer diesen Anblick – ohne »in die Luft zu gehen« – genießen möchte, dem sei eine Wanderung zur »Kahlen Hardt« nordwestlich von Scheid empfohlen. Obendrein lernt man hier eines der letzten Urwaldgebiete Hessens kennen, denn wegen des unwegsamen Geländes, insbesondere der extremen Hangneigung, machten die Bäume der Kahlen Hardt wohl nie Bekanntschaft mit Axt oder Säge. Bis 45° beträgt der Neigungswinkel der Böschung. Das scherbig zerfallene Tonschiefer- und Grauwacke-Substrat ist ständig in Bewegung. Diese Faktoren, kombiniert mit dem geringen Wasserhaltevermögen des zersetzten Gesteins, schränken die Wüchsigkeit der Bäume stark ein. Ein Urwald aus himmelstürmenden Baumriesen und undurchdringlichem Unterwuchs ist dies mitnichten. Obwohl manche der hier wurzelnden Trauben-Eichen, Buchen und Linden an die 500 Jahre alt sind, wurden sie von den Standortbedingungen auf »Bonsai«-Format geschrumpft: Nur wenige überragen die Fünfmetermarke; ihre wunderlichen Verrenkungen scheinen Ausdruck stummer Klage über Trockenheit und Nährstoffarmut. Auf baum-

Mit filigran zerschlissenen Kronblättern wirbt die Pracht-Nelke um Insektenbesuch.

Berg-Ahorn am Ufer des Lengelbaches.

An der seltenen Wald-Hundszunge hat sich ein weiblicher Aurorafalter eingestellt (links).

Die Blüte des Schwertblättrigen Waldvögleins muss den Vergleich mit tropischen Orchideen nicht scheuen (rechts).

freien, natürlichen Rutschungen und an Felsabbrüchen gedeiht ein Sammelsurium sonnenhungriger Pflanzen: Traubige Graslilie, Schwalbwurz, Felsen-Mauerpfeffer, Schmalblättriger und Blasser Hohlzahn, Pfingst-Nelke, Mausohr, Blaugrünblättriges Habichtskraut und Nordischer Streifenfarn.

Pflanzensoziologisch ist der Urwald der Kahlen Hardt als xerothermer, das heißt Wärme und Trockenheit liebender Traubeneichenwald bodensaurer Standorte anzusprechen. Andere naturnahe Gesellschaften des Kellerwaldes sind der Ahorn-Linden-Blockschuttwald, der Perlgras-Buchenwald, der Zahnwurz-Buchenwald und der Hainsimsen-Buchenwald. In den Naturschutzgebieten »Hünselburg« südwestlich der Kahlen Hardt, »Fahrentriesch-Bärenbachtal-Arensberg-Bloßenberg« am gegenüberliegenden Ederseeufer, »Ruhlauber« nördlich des Quernstgrundes und »Dicker Kopf« südlich des Hochspeicherbeckens bei Hemfurth finden sich Beispiele. Auch in diesen Wäldern wächst manch bemerkenswerte Pflanze, die Pracht-Nelke etwa, die Wald-Hundszunge, das Schwertblättrige und das Rote Waldvöglein, das Berg-Johanniskraut und das Schöne Johanniskraut. Selbst am Ederseeufer kann man auf botanische Entdeckungsreise gehen. So stößt man hier bei niedrigem Wasserstand auf Hirschsprung, Schlammling, Schwarzfrüchtigen und Dreiteiligen Zweizahn – allesamt Vertreter einer Flora, die Schlammfluren besiedelt.

Weniger leicht sind die Tiere des Kellerwaldes zu beobachten. Den scheuen Schwarzstorch erspäht man vielleicht frühmorgens oder abends bei der Nahrungssuche am Ederseeufer bei Herzhausen oder am Affolderner See. Wesentlich häufiger sind dort Graureiher auszumachen oder fischende Kormorane. Waldschnepfe, Hohltaube und Kolkrabe brüten regelmäßig in abgelegenen Waldstücken. Im Übermaß kommen die heimischen Wildarten vor, neben Rothirsch, Reh und Wild-

Uralt und doch von nur zwergenhaftem Wuchs – die Trauben-Eichen der »Kahlen Hardt«.

Im wildreichen Kellerwald leben auch Sauen.

Fichte mit Heiligenschein? Der »Brotbaum« der Förster ist Naturschützern zuwider.

schwein seit den 30er Jahren auch Dam- und Muffelwild. Vom Mufflon wird oft behauptet, er sei ein europäisches Wildschaf, heimisch von Natur aus auf den Tyrrhenischen Inseln Sardinien und Korsika. Dies trifft jedoch nicht zu. Erst menschliche Siedler brachten um 5800 v. Chr. die Vorfahren des Mufflon als Domestikate auf die Inseln. Hier verwilderten einige dieser Nutztiere und entwickelten – da sie genetisch der vorderasiatischen Stammart noch sehr nahe standen – ein Aussehen, das stark an echte Wildschafe erinnert.

Ein anderer »Zugereister«, der vom Edersee aus mittlerweile halb Europa eroberte, ist der Waschbär. Aus dem Gehege eines Försters in Vöhl soll seinerzeit ein Waschbären-Pärchen, das der Mann von Verwandten in den USA als Geschenk erhalten hatte, entwischt sein. Darüber, ob das wirklich stimmt, wird gestritten. Jedenfalls gab es auch in der Nähe von Berlin Auswilderungen, die man einer Empfehlung des »Reichsjägermeisters« Hermann Göring zuschreibt.

Dass einst auch der große Verwandte des Waschbären, der Braunbär, im Kellerwald umherstreifte, beweisen Namen wie Bärenberg, Bärentalsbach oder Bärenbach. Es hat Stimmen gegeben, die forderten, den Braunbären hier wieder heimisch zu machen. Allerdings ist fraglich, ob dafür die Akzeptanz der Bevölkerung ausgereicht hätte und ob der zur Verfügung stehende Lebensraum weitläufig genug gewesen wäre, um dem Bären eine sichere und seinen Bedürfnissen angemessene Heimstatt zu bieten. Selbst die 5500 Hektar, die der geplante Nationalpark umschließen sollte, hätten wohl nicht ausgereicht. Die Diskussion erscheint ohnehin müßig. Der Nationalpark wird nicht kommen. Vorläufig wenigstens, denn – wer kann schon in der Zukunft lesen? Im unwägbaren Spiel hessischer Politik ist alles möglich – sogar die Wiedergeburt der Idee von einem »Nationalpark Kellerwald«.

Wichtelland
Der Habichtswald

Wo die A 44 hinter Kassel nach Nordwesten schwenkt, durchschneidet sie eine Landschaft, die in Hessen einmalig ist. Zwischen Äckern, Wiesen und Weiden ragen steil und ebenmäßig bewaldete Kegel auf: Isthaberg, Wattenberg, Filtz, Bärenberg, Gudenberg, Falkenberg, Schreckenberg, Schartenberg und wie sie alle heißen. Umrahmt von den Ostwaldecker Randsenken und der Westhessischen Senke erhebt sich das Habichtswälder Bergland – eines von vielen hessischen Mittelgebirgen und doch ganz anders als die übrigen. Seine basaltenen Kegel und Kegelstümpfe sind die Ruinen längst erloschener Vulkane. Vom Podest der untertriassischen Buntsandsteintafel überschauen sie die Ebene. Lange bevor die Vulkane Feuer spien, toste dort das Muschelkalkmeer. Als es sich gegen Ende der Mittleren Trias zurückzog, hinterließ das Meer die Kalkhüllen seiner Bewohner. Aus zertrümmerten Riffkorallen und Schill, den Schalenbruchstücken von Schnecken, Brachiopoden und Muscheln, entstanden mächtige Kalkablagerungen. Buntsandstein, Kalk und tertiärer Basalt also sind die wesentlichen geologischen Bausteine des Habichtswaldes.

Die Volksüberlieferung freilich erklärt die landschaftlichen Besonderheiten der Region völlig anders. Vom Blumenstein zum Beispiel, einem kahlen Basaltfelsen an der Westseite des Dörnbergmassivs bei Zierenberg, heißt es, die Wichtel hätten ihn erbaut – und zwar als Traukirchlein

Vom Fuße des Bärenberges geht der Blick hinüber zum Isthaberg.

Bei Taubenzüchtern ist der Habicht unbeliebt. Man sieht warum.

für ihren König und eine Zierenberger Jungfrau. Ursprünglich habe die »Wichtelkirche« aus reinstem Bergkristall bestanden, doch als die Maid dem Bräutigam das Jawort verweigerte, soll ein Blitz herabgefahren sein und die schimmernde Pracht verwandelte sich im Handumdrehen in schwarzen Basalt.

Überhaupt der Dörnberg: Er vereint im Kleinen, was der Habichtswald insgesamt an landschaftlichen und naturkundlichen Reizen zu bieten hat. Eigentlich ist er ja kein »Berg«, schon eher ein Minigebirge, dessen höchster Gipfel, der Hohe Dörnberg, über einen sanften Sattel Verbindung mit Blumenstein, Helfenstein und dem Großen Kessel hält. Während man an der Nordwestseite des Massivs Muschelkalk findet, sind seine Süd- und Osthänge hauptsächlich aus Basalt und Basalttuffen aufgebaut.

Der Bereich des Großen Kessels steht bis zum Blumenstein unter Naturschutz und ist durch eine abwechslungsreiche Wanderroute, den so genannten »Alpenpfad«, erschlossen. Dem Naturfreund bietet sich somit die Gelegenheit, eines der bedeutendsten Kalkmagerrasengebiete Hessens kennen zu lernen. Pflanzensoziologisch sind die Schutzzonen als Enzian-Schillergrasrasen zu bezeichnen. Hier wachsen, teils in Massen, die Orchideen Mücken-Händelwurz, Helm-Knabenkraut, Stattliches Knabenkraut, Großes Zweiblatt und Fliegen-Ragwurz. Auch andere Raritäten werden gemeldet, das Waldsteppen-Windröschen zum Beispiel, der Sand-Thymian, der Berg-Gamander, der Niederliegende Lein, der Fransen- und

Vanilleartigen Duft verströmt die Mücken-Händelwurz.

Felder, Weiden, Wald und Trockenrasen umgeben die »Wichtelkirche«.

der Kranzenzian. Ungleich häufiger entdeckt man Pflanzen wie den Großblütigen Ehrenpreis, die Stängellose Kratzdistel, die Golddistel, den Rotfrüchtigen Sand-Löwenzahn, den Hufeisenklee, die Schopfige Kreuzblume, die Großblütige Braunelle, das Mausohr und die Kriechende Hauhechel. Schlehen- und Wildrosengebüsch strukturiert die Magerrasen. Unter anderen kommen Duft- und Kleinblütige Rose vor und im Mantel der Büsche blühen Cremeweißes Waldvöglein, Braunrote Ständelwurz sowie der Süße Tragant. Dass am Dörnberg noch Kalkmagerrasen von diesem Umfang erhalten blieben, liegt zum einen an den geologischen Voraussetzungen, die intensiver landwirtschaftlicher Nutzung entgegenstanden, zum anderen an den besonderen Besitzverhältnissen in der Region. Herrschaftliche Domänen hatten das fruchtbarste Land unter sich aufgeteilt; das von Hirten gehütete Vieh – Schafe, Ziegen, Rinder, Schweine und Gänse – beweidete die Randbereiche. Erst in den 50er Jahren des 20. Jahrhunderts führten großräumige Flurbereinigung und Aufteilung von Domänenbesitz zu einer Agrarstrukturverbesserung und zur Aufgabe traditioneller Weideformen. Die Magerrasen des Dörnbergs drohten zu verbuschen. Diese Entwicklung jedoch ist inzwischen abgewendet, denn seit 1981 sorgt eine Schafherde für die nötige Landschaftspflege. Dennoch entspricht das heutige Bild des Dörnbergs nicht ganz dem früheren Aussehen. Gerade die schönen Wacholderbestände, deren schlanker Wuchs südländisches Flair verbreitet, waren in »vorindustrieller« Zeit weniger dicht, da immer wieder Büsche geschlagen wurden, um Räucherholz für die Hausschlachtung zur Verfügung zu haben.

Mit naturnahen Lebensräumen ist das Habichtswälder Bergland reich gesegnet. Erwähnen wollen wir hier noch die Wälder und Waldsäume an Rohrberg-Bärenberg-Gudenberg und die Basaltklippen des Burghasunger Berges. In den Orchideen-Buchenwäldern findet man unter anderen Frauenschuh, Cremeweißes und Rotes Waldvöglein, verschiedene Ständelwurz-Arten, Vogelnestwurz, Buchenspargel, Frühlings-Platterbse, Christophskraut, Einbeere, Türkenbund und Blauviolette Akelei. Der als Hühnerdieb verrufene Habicht, der dem ganzen Gebiet seinen Namen gab, ist dort ebenso zu Hause wie der Wespenbussard, der Baummarder und der Siebenschläfer. Auch kann einem die Schöne Landdeckelschnecke mit dem rüsselartigen Kopf hier über den Weg »laufen«; bei Trockenheit oder Gefahr kann sie ihr Gehäuse dank einer »Haustür«, dem dick verkalkten Operculum, verschließen. – Am Kliff des Burghasunger Berges, den im Mittelalter eine Benediktiner-Abtei krönte, fallen dagegen Pflanzen stark besonnter, nackter Basaltfelsen auf. Sommertemperaturen von über 50° C nahe

Am Gipfel des Helfensteins hat die Erosion vulkanische Schlotfüllungen mit horizontal gelagerten Basaltsäulen freigelegt.

Die Hunds- oder Hecken-Rose ist unsere häufigste Wildrose.

Das Waldsteppen-Windröschen tritt am Dörnberg in großer Zahl auf.

»Deutscher Enzian« wird der Kranzenzian auch genannt, obwohl die Art weit über unser Land hinaus verbreitet ist (rechts).

Die Stängellose Kratzdistel ist eine Charakterart magerer Weiderasen (links).

Weniger die oft gescholtenen Jäger sind des Feldhasen Tod, sondern die veränderten Methoden der Landwirtschaft, der Straßenverkehr und die Zunahme natürlicher Feinde.

»Ökologische Rasenmäher« bei der Landschaftspflege.

der Gesteinsoberfläche sind keine Seltenheit. Die essbare Nabelflechte *Lasallia pustulata* verträgt solche Extreme. Außerdem kann man die Pechnelke, die Heide-Nelke, das Dreifarbige Stiefmütterchen, die Purpur-Fetthenne und den Berg-Lauch entdecken. Der vom Aussterben bedrohte Spreuschuppige Wimperfarn bevorzugt leicht sickerfrische Felsspalten.

Burghasungen, Wenigenhasungen, Altenhasungen – die Namen scheinen darauf hinzudeuten, dass es in der Umgebung dieser Dörfer viele Hasen geben müsse. Obwohl sich die Bezeichnungen auf einen fränkischen Lehnsherrn namens Haso (Hasso) beziehen, dessen Gefolgschaft die genannten Orte besiedelte, trifft die Vermutung dennoch zu. Der Feldhase, dem anderswo Veränderungen seines Lebensraumes und der Straßenverkehr schwer zu schaffen machen, ist in Teilen des Habichtswaldes noch recht häufig. Von Hecken unterbrochene Äcker und Ackerbrachen, in denen die Nickende Distel, Saat- und Klatsch-Mohn, Feld-Rittersporn und Färber-Hundskamille Farbtupfer setzen, wie etwa im Naturschutzgebiet »Hute vor dem Bärenberg« bei Altenhasungen, sind sein Revier.

Von fleißiger Hände Arbeit geschaffene Kulturlandschaft trägt wesentlich zum Erscheinungsbild des Habichtswaldes bei. Dazu gehören selbstverständlich auch die malerischen Dörfer wie Riede oder Altendorf südöstlich von Naumburg, um nur zwei herauszugreifen. Mit ihren Fachwerkbauten und freien Misten, in denen das Hühnervolk scharrt, streuen sie Balsam auf die Seelen stressgeplagter Großstadtmenschen. Das Idyll komplettieren die für Nordhessen so typischen Gutshöfe, etwa Bodenhausen bei Ehlen oder Elmarshausen im Erpetal, das den Verseschmied Emanuel Geibel zur Textvorlage des Volksliedes »Im schönsten Wiesengrunde« inspiriert haben soll. So bietet der Habichtswald jede nur erdenkliche Anregung zu genussreichem Wandern und Schauen.

Op un raff – Rauf und runter
Unterwegs in Reinhardswald und Diemelland

Graf Reinhard war ein Spieler. Alles Land zwischen Diemel und Weser, über das er gebot, verlor er beim Würfeln. Doch der schlitzohrige Reinhard bat sich aus, dass er, ehe seine Schuld fällig würde, noch einmal säen und ernten dürfe. Hinterlistig befahl er, Felder und Dörfer niederzubrennen. Auf dem öden, versengten Boden sollten Eicheln und Bucheckern ausgesät werden. Die Ernte freilich ließ auf sich warten und so hatte der Graf noch viel Freude an dem neuen, alten Besitz.

Auch wenn die Legende es anders dreht, die Bäume im Reinhardswald sind schon immer da gewesen, jedenfalls so lange, wie Menschen zurückdenken können. Besonders schöne Exemplare stehen im »Urwald Sababurg« nordöstlich von Hofgeismar. Ergriffen blickt man dort ins zerfurchte Antlitz uralter Trauben-Eichen, Buchen und Hainbuchen, bewundert ihre knorrigen Äste, staunt über die knotigen, wie von der Gicht gekrümmten Wurzeln. Mancher mag mitleiden, wenn der Sturm die Giganten ihrer Gliedmaßen beraubt, der Blitz ihnen Wunden zufügt, oder wenn sie gar unter der Last der Jahre zusammenbrechen – nur noch Haufen aus morschem Holz und rissiger Borke. Zwischen Forsthaus Beberbeck und Sababurg, dem Vorbild für das Dornröschenschloss im Märchen der Brüder Grimm, sieht es tatsächlich so aus, als sei nie ein Mensch mit Axt und Feuer ins Waldesinnere vorgedrun-

»Urwald« an der Sababurg.

Den Alteichen im »Urwald« sieht heute niemand mehr ihre Karriere als Schweinefutterlieferanten an.

gen – wie Urwald eben. Aber das stimmt nicht. Bis Mitte des 19. Jahrhunderts litt auch der Reinhardswald unter der in ganz Deutschland üblichen Waldweide. Noch um 1800 wurden auf durch Hute-Reglement bestimmten Parzellen zirka 8000 Rinder, annähernd 30 000 Schweine sowie viele Schafe und Ziegen geweidet. Speziell für die Schweinemast hatte man auf solchen Arealen Eichen gepflanzt und dann »geköpft«, um die Bäume zu verstärkter Kronenbildung anzuregen. Auch beim Naturschutzgebiet »Urwald Sababurg« handelt es sich um eine alte Hute, die durch spontane Regeneration auf forstlich lange vernachlässigter Fläche wieder zur natürlichen Waldentwicklung zurückfindet.

Allerdings ist das Bild vom »Urwald«, wenn es auf die Verhältnisse an der Sababurg angewendet wird, nicht ganz aus der Luft gegriffen. Der sich hier entwickelnde Wald in seinen verschiedenen Altersstufen und mit parkartigen Lichtungen entspricht nämlich nach neuerer Auffassung dem Aussehen der ursprünglichen mitteleuropäischen Tieflandwälder eher als frühere Annahmen von lichtarmer, undurchdringlicher Holzwildnis. Vielleicht sah es in weiten Teilen Europas sogar so aus wie im Holzapetal, das dem Naturschutzgebiet neuerdings angegliedert ist: mächtige Baumriesen und Waldinseln inmitten einer Steppenlandschaft. Jedenfalls verhinderten Windwurf, Feuer und vor allem der »Weidegang« großer Pflanzenfresser wie Wisent, Auerochse, Elch, Rothirsch, Reh oder Wildpferd geschlossene Waldbestände und sorgten für ein der Sukzession unterworfenes Vegetationsmosaik. Als hätte er um die Bedeutung großer Säugetiere für den Urwald gewusst, gründete Landgraf Wilhelm IV. 1571 bei der Sababurg einen Tiergarten, der europäisches Großwild präsentierte, sogar Gämsen und Rentiere »nebst einer wilden Lappen-Frau«. Auch Auerochsen grasten damals noch zu Füßen der Burg. Nur knapp hundert Jahre später, 1669, verendete das letzte dieser Ur-Rinder in der Königsberger Menagerie. Seit den 20er Jahren des 20. Jahrhunderts wird, auf Initiative der Zoodirektoren Heinz und Lutz Heck, die »Rückzüchtung« des Ures versucht. Man kreuzte alte Hausrindrassen, um das gemeinsame Erbe aus der genetischen Diaspora wieder zusammenzuführen. Natürlich kann so keine ausgestorbene Tierart ins Leben zurückgeholt werden, aber es entstand mit der Zeit eine neue Rasse, das so genannte »Heckrind«, das dem Auerochsen im Erscheinungsbild ähnelt. Im 1971 aus der Taufe gehobenen »Urwildpark« an der Sababurg, der die Tradition des landgräflichen »Thiergartens« fortführt, sind unter anderen solche archaisch anmutenden Rinder zu sehen.

Aber zurück in die Gegenwart. Der ehemalige Hutewald stockt auf saurem Buntsandsteinuntergrund. Entsprechend artenarm ist die Flora. Sal-

Flockenstieliger Hexenröhrling und Violetter Rötelritterling wachsen gern bei Buchen.

Kaum zu glauben – aus dieser Baumruine sprießen noch Blätter.

beiblättriger Gamander, Sauerklee, Eichenfarn und Wurmfarn-Arten bevorzugen den Halbschatten. Adlerfarn hingegen beherrscht die Blößen. Zwischen seinen noch aufgerollten Wedeln zeigt sich im Mai der Siebenstern, eine Reliktpflanze aus kälteren Perioden der Nacheiszeit. In eingesprengten Birken-Bruchwäldern stellen Weiden, Moor-Birke, Faulbaum und Schwarz-Erle den Baumbestand. Das Pfeifengras überzieht dort den feuchten Boden. Neben Torfmoospolstern wachsen Quell-Sternmiere und Flammender Hahnenfuß. Vereinzelt dringt die Heidelbeere in den Bruchwald vor.

Starkes Interesse haben bei Ökologen und Forstwirten die Zerfallsstadien des Waldes hervorgerufen. Nirgendwo sonst lässt sich die Zersetzung

Der Wald hat seinen letzten Schmuck angelegt.

lebender Baumkörper bis hin zur Bodenbildung besser studieren als im »Urwald« an der Sababurg mit seinem hohen Totholzanteil und der großen Zahl alter beziehungsweise absterbender Bäume. Bei jenem Recyclingprozess spielen Pilze die Hauptrollen. Ein wesentlicher Bestandteil von Holz ist die aus Traubenzuckermolekülen gebildete Zellulose. Zudem enthält es Lignine, die ihm Festigkeit verleihen. Um diese Bausteine aufzulösen und für die eigene Ernährung zu nutzen, sondern Holz bewohnende Pilze Eiweißverbindungen (Enzyme) ab, die bei Laubbäumen zu Weißfäule führen. Ein Buchenstamm etwa wird in drei Stadien von Pilzgemeinschaften befallen und schrittweise von ihnen aufgearbeitet. Zunächst erscheinen Arten wie die geleeartige Hexenbutter, der Blassrötliche Gallertbecher und die Schmetterlingstramete. Ihnen folgen unter anderen Gelbstieliger Muscheling, Buchen-Schleimrübling, Orangeroter Kammpilz, Austern-Seitling und Zunderschwamm. In der Endphase wuchern auf bereits vermoderndem Holz Sparriger Schüppling, Stockschwämmchen und Birnen-Stäubling. Absolute Raritäten sind Kupferroter Lackporling, Safrangelber Weichporling und Eichen-Zungenporling. Ist der Baum von den Pilzen zermürbt, nisten sich mancherlei Insekten ein, so die Larven von Pracht- und Bockkäfern oder die Engerlinge von Hirschkäfer, Reh- und Balken-Schröter. Einige Insekten verzehren Splintholz oder Mulm, andere Pilzmyzelien und wieder andere treten als Jäger auf. Je weiter der Abbau voranschreitet, desto vielfältiger entwickelt sich die Mikrofauna. Aus dem Boden dringen Laubstreubewohner zu der modernden Baumleiche vor und leiten, im Verein mit Bakterien, ihre »Bestattung« ein. Gerade die Endzersetzer leisten bei der Umwandlung organischer Materie zu Humus unschätzbare Hilfe: Asseln, Regenwürmer und Enchyträen nehmen mit der Nahrung Mineralpartikel auf; nach der Darmpassage werden die im Kot gebildeten Huminsäuren zu »Ton-Humus-Komplexen« gekoppelt und im Boden festgelegt.

Wir verlassen nun den urigen Wald und wenden uns nach Nordwesten. »Op un raff« – rauf und runter – heißt es im niederdeutschen Sprachraum, in dem wir uns ja schon bewegen, denn den Höhen des Reinhardswaldes haben wir den Rücken gekehrt und voraus liegt die Niederung der Diemel-Esse-Senke. Hinter Friedrichsfeld in Richtung Trendelburg zieht ein kurioses Hinweisschild die Aufmerksamkeit auf sich: »Wolkenbruch 300 m«. Wer der Sache nachgeht, erreicht am avisierten Ort einen schaurigen, 60 m steil abbrechenden Krater von 150 m Durchmesser, an dessen Grund Wasser blinkt. Subrosionstrichter nennt der Geologe solche kreisrunden Erdfälle. Entstanden sind sie am »Nassen Wolkenbruch« durch den Einsturz von Buntsandsteinschichten über Hohlräumen, die ständige Salz- und Gipsauslaugung schuf. Am besten besucht man den Erdfall im Winter, da sonst die dicht belaubten Bäume, die im Steilhang wurzeln, die Sicht behindern.

Weiter geht es ins Diemeltal. Vorbei an Lamerden, wo im Steinbruch des »Hartsteinkalkwerks Lahn-Waschkies« zahlreiche Muschelkalkfossilien (Ammoniten, Schnecken, Seelilien, Schlangensterne, Haie, Knochenfische sowie Skelettteile und Zähne von Paddel- und Pflasterzahnechsen) geborgen wurden, erreichen wir den letzten Punkt unserer kleinen Rundreise durch die nördlichste Region Hessens, das dreigeteilte Naturschutzgebiet »Warmberg-Osterberg« bei Zwergen. Auch dieses liegt auf dem Ausläufer einer Muschelkalkplatte, die von Norden her in das Diemeltal ragt. Solche mageren Trockenhänge wurden früher als Schafweide genutzt. Während im Teilareal »Wiegenfuß« noch Enzian-Schillergrasrasen mit eingestreuten Wacholdern an das von der Schaftrift modellierte Landschaftsbild erinnern, sind die übrigen Flächen des Schutzgebietes heute fast ganz bewaldet. Vor allem die Magerrasen und die naturnahen Waldstücke bieten eine beeindruckende Fülle seltener und seltenster Pflanzen auf. In guten Jahren wächst hier die Fliegen-Ragwurz kniehoch. Diese Orchidee sichert ihre Bestäubung mit einem raffinierten Trick: Durch Lockstoffe werden Männchen der Ragwurz-Zikadenwespe sexuell stimuliert. Da die Blütenlippe dem Wespenweibchen ähnelt, versuchen sie, mit dem Surrogat zu kopulieren; dabei entnehmen oder übertragen sie die Pollenpakete der Ragwurz. Auch andere Orchideen verdienen Erwähnung. Neben Frauenschuh, Braunroter, Kleinblättriger, Schmallippiger und Purpur-Ständelwurz, Grünlicher Waldhyazinthe, Großem Zweiblatt, Elfenständel, Purpur-Knabenkraut und Helm-Knabenkraut fällt insbesondere das Dreizähnige Knabenkraut auf. Letztgenannte Art ist hauptsächlich im Mittelmeerraum bis zur

Schweiz verbreitet, verfügt aber in Nordhessen sowie den unmittelbar angrenzenden Teilen der Nachbarbundesländer über ein weiteres, isoliertes Vorkommen. Als wären der Seltenheiten nicht genug, blühen in den Magerrasen von August bis Ende September Fransen-, Kranz- und Kreuzenzian sowie, bereits im Mai, der Niederliegende Lein und das Katzenpfötchen – ein zweihäusiger Korbblütler, bei dem die weiblichen Köpfchen rosa, die männlichen weiß gefärbt sind. Berg-Gamander, Wald-Hundszunge und Geflecktes Ferkelkraut ergänzen das Raritätenkabinett.

Enziane oder ein Urwald in Wartestellung, mächtige Bäume auf alten Huten, romantische Auen, wuchtige Hallenhäuser in den Dörfern des Diemeltales – das Land zwischen Bad Karlshafen und Diemelstadt weist dem, der sich den Sinn für das natürlich Schöne bewahrt hat, ein immer neues Gesicht und manche Überraschung.

Wächst in Hessen nur im Nordosten – der Niederliegende Lein (links).

Die Fliegen-Ragwurz täuscht paarungswillige Insekten (mitte).

Das Dreizähnige Knabenkraut ist eine Art mit Verbreitungsschwerpunkt im Mittelmeerraum (rechts).

Wacholderbestand am »Wiegenfuß«.

Waldhessen, Vogelsberg, Rhön, Spessart

Über Vockerrode und den Heiligenberg hat abziehendes Unwetter einen Regenbogen gezaubert.

Im Zauberreich der Holle

Der Meißner und sein Vorland

Am Grunde eines tiefen Teiches steht ein prächtiges Schloss. Da wohnt die Frau Holle. »Gode« (Tante) nennen sie die Kinder jovial. Wenn die Gode die Betten macht, fliegen Federn umher und es schneit. Kocht sie in ihrer Küche, dann steigt der Wasserdampf in die Höhe, nebelt alles ein und lässt Wolken quellen.

Sagen und Geschichten, in denen die Gode eine Hauptrolle spielt, waren und sind rund um den Meißner, der zwischen Großalmerode, Abterode und Waldkappel seinen basaltenen Rücken krümmt, häufig zu hören. Vielleicht huldigte man dort früher Freya, der germanischen Haus- und Fruchtbarkeitsgöttin, auf die man die Figur der *Fraw Holt*, der »schönen Frau«, zurückführt. Jedenfalls opferten noch im 19. Jahrhundert Frauen und Mädchen der »Holden« Blumen, tranken zauberkräftiges Wasser, baten sie um Liebesglück und Kindersegen. Zur Märchengestalt – ein bisschen Hexe, ein wenig gute Fee – verkümmerte sie erst unter den strengen Augen der christlichen Kirche.

Den Holle-Teich gibt es übrigens wirklich. Er liegt im Osten des Meißner-Massivs zu Füßen des Kalbe-Blockmeeres, dem er auch seine Existenz verdankt: Das in einer Hangnische gesammelte Wasser des Holle-Baches wird vom Blockschutt gestaut. Röhrichte aus Breitblättrigem Rohrkolben, Schmalblättrigem Wollgras und Schnabel-

Dem »König der hessischen Berge« liegen die Hielöcher und die Oberndorfer Mühle zu Füßen.

Frau Holle soll am Grunde dieses verwunschenen Teiches wohnen – so jedenfalls will es die Sage.

Segge sowie Bitterschaumkraut-Teichschachtelhalmfluren gürten das verträumte Gewässer, in dem massenhaft der Berg-Molch laicht.
Kaltluftaustritte im klüftigen Basalt des Blockmeeres haben an seinem Fuß eine Eisquelle entstehen lassen, deren Temperatur selbst im Sommer 0° C kaum übersteigt. Ganz in der Nähe, im steinigen Gerinne kühler Bachläufe, lebt der Quellstrudelwurm, eine bis 16 mm lange Planarie, die nördlich der Alpen nur lokal verbreitet ist. Widerton- und Zackenmützenmoos überzieht die Rosseln der Blockhalde. Das Kleinblütige Wintergrün, der Weiche Schildfarn, die Felsen-Traubenkirsche und die Teufelsklaue, ein Bärlapp, siedeln inmitten der Steine.
Ein steiler Weg schlängelt sich am Blockmeer vorbei hinauf zur 720 m hohen Kalbe. Die Bergkuppe bietet Fernblicke bis zum Harz, zur Rhön und nach Thüringen. Dem Braunkohletagebau wäre sie beinahe zum Opfer gefallen. Anstehende Kohle erreicht hier eine Flözdicke von 40 bis 50 Metern. Der aufliegende Deckbasalt wurde in mehreren Ebenen abgetragen. 1961 geriet die Kuppe ins Rutschen und musste durch Innenverkippung gesichert werden. Heute ist der Tagebaubetrieb eingestellt, Halden und Pingen sind an die Natur zurückgegeben. Vereinzelt wurde im Bereich der nun begrünten Halden der Berg-Pieper gesehen.
Sächsischen Bergleuten, die vor 400 Jahren in der Gegend um Meißen angeworben wurden, verdankt der Meißner seinen Namen. Seither hat man dem »König der hessischen Berge« übel mitgespielt. Aber es war nicht der Bergbau allein, der dem Meißner Wunden zufügte. Früh schon rodeten Bauern den Wald auf dem Plateau und ließen ihr Vieh dort weiden. Nach 1866 war es auch mit der Herrlichkeit der duftenden Bergwiesen vorbei. Fichtenmonokulturen nahmen ihren Platz ein. Mit den Veränderungen im Landschaftsbild ging die Verarmung der einheimischen Pflanzen- und Tierwelt einher. Zahlreiche subarktische und alpine Florenelemte verschwanden (wie die Silberwurz) oder sind nur noch in Relikten anzutreffen. Um diese Entwicklung zu stoppen, stehen seit 1970 die bewaldeten Steilhänge, die einen Ring um die Hochfläche legen, sowie Reste der auf staunassen Böden ausgeprägten, teils anmoorigen Wiesen und der Huten unter Schutz.

Die verbliebenen naturnahen Wälder lernt man am besten auf einer Wanderung von Schwalbenthal zu den Seesteinen im Südwesten des Massivs kennen. Im Baumbestand gibt die Buche den Ton an; Berg-Ahorn, Berg-Ulme, Esche und Winter-Linde ordnen sich ihr unter. Am Boden jener Wälder finden wir Haselwurz, Christophskraut, Aronstab, Wolligen Hahnenfuß, Mondviole, Berg-Goldnessel, Quirlblättrige Weißwurz, Maiglöckchen und viele Farne. Riesige Zunderschwämme, die aus absterbendem Holz wachsen, mit Felsen übersäte Steilhänge und das Durcheinander gefallener Stämme verleihen dem Wald Wildnischarakter. Die Wildkatze liebt solche Stellen. Uhu, Raufußkauz, Sperlingskauz, Hohltaube, Schwarzspecht und Waldschnepfe sind ebenfalls vertreten. Ein Abstecher zur Stinksteinwand offenbart ein recht »anrüchiges« geologisches Phänomen:

Im urigen Wald an den »Seesteinen« besiedeln Zunderschwämme Totholz.

Die vor Ort ausströmenden schwefeldioxidhaltigen Gase rühren von Schwelbränden der leicht entflammbaren Braunkohle her. Wegen des ständigen Luftzugs im klüftigen Gestein lassen sie sich nur schwer unter Kontrolle bringen. Bereits in seiner nach 1642 erschienenen *Topographia Hassiae* wies Matthäus Merian d. Ä. auf diese Fumarolen hin.

Kleinseggensümpfe, Borstgrasrasen, Bergheiden und Goldhaferwiesen, wie sie im Weiberhemdmoor, in der Hausener Hute, der Butter- und der Struthwiese auf dem Hochplateau zwischen Kasseler Kuppe und der Sendestation des Hessischen Rundfunks erhalten sind, schaffen blumenbunte Kontraste zum Wald. Purpur-Reitgras, Arnika, Trollblume, Weißliche Waldhyazinthe, Schmalblättriges und Scheidiges Wollgras, Fieberklee, Waldmoor- und Sumpf-Läusekraut, Feld-Enzian, Pracht-Nelke, Breitblättrige und Gefleckte Fingerwurz weben zusammen mit häufiger vorkommenden Arten an dem Pflanzenkleid, das der Volksmund mit einem reich bestickten »Weiberhemd« vergleicht.

Seiner Besonderheiten wegen hat das Land Hessen das Naturschutzgebiet Meißner für das Naturschutzsystem NATURA 2000 vorgeschlagen. Auch die Karstlandschaft der »Kripp- und Hielöcher« im östlichen Meißner-Vorland bei Frankershausen soll diesem System angehören. Beide Teile des Schutzgebietes liegen im Zechsteinhügelland, das sich östlich der Linie Vockerrode-Kammerbach erstreckt. Da die Deckschichten aus Buntsandstein längst abgetragen sind, blickt man hier quasi in ein geologisches Fenster. Zechsteindolomit und Gips wurden zu pittoresken Klippen modelliert. Dazwischen tun sich Einsturzdolinen und Risse auf. Die Erdfälle entstanden durch Deckeneinbrüche über höhlenartigen Auswaschungen von Gips und Bittererde im Untergrund. Waghalsige seien gewarnt: Die Bildung unterirdischer Hohlräume dauert an und führt zu immer neuen Einbrüchen. 1958 verschwand im Gebiet der Kripplöcher ein Kuhgespann vor den Augen der entsetzten Bäuerin in einem plötzlich einbrechenden Spalt! Im Höhlenlabyrinth strömende Karstwässer sind für die Auslaugungen verantwortlich. Wo sie zu Tage treten, fällt ihre enorme Schüttung auf. Die Karstquelle Kressenborn zum Beispiel schießt als »fertiger« Bach ans Licht. Sie fördert so viel Wasser, dass die nur zirka 80 m unterhalb liegende Oberdorfer Mühle damit betrieben werden konnte.

Trollblumen zieren die »Struthwiese«.

Hie- und Kripplöcher sind ein Paradies für Botaniker. Die Hügel tragen mit Wacholder durchsetzte Kalkmagerrasen. Rosen-Schlehengebüsche überwuchern frische Standorte. In den trockensten Bereichen dominiert die Gesellschaft der Bunten Erdflechten. Scharfer Mauerpfeffer, Heide-Augentrost, Quendel-Sandkraut, Steinquendel, Feld-Thymian, Stolzer Heinrich, Feinblättrige Miere, Pfeilblättrige Gänsekresse, Dreifinger-Steinbrech, Kalkfarn und Mondraute besetzen lückige Stellen in Felsfluren. Als typische Arten der Magerrasen kommen Wundklee, Stängellose Kratzdistel, Golddistel, Katzenpfötchen, Hügel-Klee, Esparsette, Karthäuser-Nelke, Skabiosen-Flockenblume, Flockenblumen-Sommerwurz, Kranzenzian, Fransenenzian, Mücken-Händelwurz, Dreizähniges Knabenkraut, Fliegen-Ragwurz und Bienen-Ragwurz vor. Gebüschsäume und Übergänge zu Wiesen oder Äckern besiedeln Acker-Wachtelweizen, Süßer Tragant, Knollenkümmel und Sicheldolde. Der Wachtelweizen besitzt an seinen Wurzeln knopfartige Saugorgane, mit denen er Gräsern Wasser und Nährstoffe entzieht. Vor dem Aufkommen der Saatgutreinigung gelangte Wachtelweizensamen häufiger zusammen mit dem Korn in die Mühlen. Mehlvergiftung und Schwarzfärbung des Brotes waren die Folge. Die Bezeichnung *Melampyrum* (griech. *melas*, »schwarz« und *pyros*, »Weizen«), der Gattungsname der Pflanze, trägt diesem Umstand Rechnung.

In den an die Hielöcher grenzenden Äckern hat man ein Feldflora-Reservat eingerichtet, das der Bestandssicherung bedrohter Ackerwildkräuter dient. Hier werden die Parzellen bei festgelegter Fruchtfolge, die auch Brachezeiten einschließt, vorgegebener Pflugtiefe, geringer Düngung und ohne Herbizideinsatz bewirtschaftet. Nur so ist wohl in unserer aufgeräumten und vergifteten Feldflur das Überleben von Raritäten wie Acker-Gelbstern, Feld-Rittersporn, Sommer-Adonisröschen, Venuskamm, Frauenspiegel, Finkensame oder Gezähntem Feldsalat, ja selbst von Sand-Mohn, Acker-Fuchsschwanz und Kornblume, dauerhaft zu gewährleisten.

Ackerland, Gebüsche, Felsen und Trockenrasen bilden im Naturschutzgebiet Kripp- und Hielöcher einen Biotopverbund, der auch vielen Tieren zugute kommt. Der Feldhase etwa profitiert hiervon, Heckenbrüter wie Neuntöter oder Klapper-Grasmücke und natürlich eine Vielzahl von Insektenarten, aus der hier nur das auffällige, selten gewordene Thymian-Rotwidderchen hervorgehoben werden soll. Ohne menschliches Zutun wäre das Biotopmosaik verloren, es käme zur Wiederbewaldung. Dementsprechend wurden ab 1997 Gehölzrücknahmen (Entkusselungen) vorgenommen und Beweidungspläne in Zusammenarbeit mit einem Schäfereibetrieb erstellt. Ein einmaliges Stück Kulturlandschaft, in dem aber die Natur nicht zu kurz kommt, scheint so für die Nachwelt gerettet.

Normalerweise blüht das Sommer-Adonisröschen rot. Es gibt aber auch eine zitronengelbe Variante (links).

Den Frauenspiegel rechnen Botaniker zu den Glockenblumengewächsen (mitte).

Der Acker-Wachtelweizen ist heute weitgehend aus Getreidefeldern verschwunden (rechts).

Rand eines großen Erdfalls im Naturschutzgebiet »Kripplöcher«.

Grenzgänge

Entdeckungen im unteren Werratal

Die Werra – kaum ein anderer Fluss ist so eng mit der jüngsten deutschen Geschichte verbunden wie sie. Fünfmal durchdrang sie den Eisernen Vorhang, der die ehemalige DDR von der Bundesrepublik schied, dreimal war sie selbst Demarkationslinie. Die Werra trennte Deutsche von Deutschen, zerriss Dörfer, selbst Familien. Ihre Rolle als Grenzfluss hat sie nun gottlob ausgespielt; Hessen und Thüringen, die sich jetzt an ihre Ufer schmiegen, pflegen gute Nachbarschaft. Bei Heldra erreicht sie endgültig hessisches Gebiet, bahnt sich ihren Weg zwischen Schlierbachswald und den Ausläufern des Eichsfeldes, schwenkt in energischer Linkskurve ins Eschweger Becken, strömt träge und in weiten Schlingen ausgreifend Richtung Bad Sooden-Allendorf und Witzenhausen. Schließlich vereinigt sie sich bei Hannoversch Münden mit der Fulda zur Weser.

Auf ihrer Reise teilt die Werra ein landschaftliches Bilderbuch, dessen aufgeschlagene Seiten zur schönsten Lektüre Anlass bieten. Erholsame und aufregende Wanderungen, Einsamkeit, Naturerlebnis – all das schenkt uns der einstige »deutsche Schicksalsfluss« an seinem Unterlauf. Und zu jeder Jahreszeit. Wer das Werratal zur Kirschblüte im Mai aufsucht, wird ebenso begeistert sein wie diejenigen, die im Herbst einen der hoch gelegenen Aussichtspunkte ersteigen, um sich am Farbenmeer der Laubwälder zu berauschen. Einige

Blick von der Hörne auf die Werra und die Ortschaft Kleinvach.

Am Standort des Fotografen befand sich früher die Staatsgrenze zur DDR; das Dörfchen Lindewerra liegt in Thüringen.

Stationen von besonderem, vor allem naturkundlichem Reiz wollen wir herausgreifen und etwas näher vorstellen.

Wir beginnen unsere Exkursion in der Nähe von Witzenhausen. Bereits am Rand des Werratals – zum Kaufunger Wald hin – erstrecken sich zwischen Ellingerode, Roßbach und Kleinalmerode auf fünf Teilflächen wertvolle Kalkmagerrasen. Sie sind auf Zechsteinformationen ausgeprägt, die hier zu flachgründigen Böden (Rendzinen) mit hohem Steinanteil verwitterten. Durch jeweils verschiedene Hangneigungen und -expositionen ergeben sich unterschiedliche Standortfaktoren. Wärme, Sommertrockenheit, Nährstoffarmut des Bodens und ungehinderter Zugang zum Licht, das heißt weitgehendes Fehlen Schatten werfender Gehölze, sind Voraussetzungen für die Existenz der farbenfrohen Pflanzengesellschaften eines Magerrasens. Über Jahrhunderte praktizierte Beweidung mit Schafen und Ziegen hat die Gehölze in Schach gehalten, die Entstehung solcher Lebensräume also erst möglich gemacht. Nur durch planvolle Pflege, die Wiederaufnahme der Schaftrift und Kontrolle der Strauchvegetation einschließt, kann der Artenreichtum von Magerrasen erhalten werden.

Aus der Fülle der Pflanzen im Naturschutzgebiet »Kalkmagerrasen bei Roßbach« seien hier nur einige markante Arten erwähnt: Dornige Hauhechel, Tauben-Skabiose, Golddistel, Wundklee, Katzenpfötchen, Tausendguldenkraut, Schwalbwurz, Sonnenröschen und Zottiger Klappertopf. Auffällig ist das häufige Vorkommen von Liguster und Gebüschen der seltenen Kleinblütigen Rose. Zusammen mit Wacholder und Schwarzdorn bilden sie die Kulisse der Blüten-Revue, in der Enziane und Orchideen als Stars auftreten. Es gastieren Kranz- und Fransenenzian, Helm-Knabenkraut, Dreizähniges Knabenkraut, Stattliches Knabenkraut, Großes Zweiblatt, Mücken-Händelwurz, Herbst-Wendelähre, Fliegen- und Bienen-Ragwurz. – Normalerweise sind Pflanzen bei der Befruchtung auf fremde Hilfe angewiesen, auf Wind, Wasser, Insekten oder Vögel, die Pollen von einem Individuum (oder Geschlecht) zum anderen transportieren. Es gibt aber Ausnahmen: Bei der Bienen-Ragwurz klappen – einen Tag nachdem sich die Blüte geöffnet hat – die Pollinien heraus und hängen über der Narbe. Wird die Orchidee nun von einem Windstoß geschüttelt, bleiben die Pollinien an der Narbe kleben und es findet Selbstbefruchtung statt.

Noch kurioser ist eine Orchidee, die in Hessen nur mehr zwei aktuelle Wuchsorte hat – der Widerbart. Eines der Vorkommen befindet sich im Naturschutzgebiet »Ebenberg-Liebenberg« bei Werleshausen. Möglicherweise findet sich die Rarität auch am Harthberg, einem steilen, kaum zugänglichen Hangwald zwischen Werraschleife und der ehemaligen deutsch-deutschen Grenze nahe Oberrieden. Ein Nachweis ist schwierig, denn der Widerbart setzt oft viele Jahre hintereinander mit der Blüte aus. Er wächst dann unterirdisch weiter, bis ihn ein besonders feuchtes Frühjahr veranlasst, seine blattlosen Stängel durch das welke Buchenlaub zu schieben. Die Pflanze hat nicht nur keine Blätter, ihr fehlen auch richtige

Die Bienen-Ragwurz ist sicher eine der schönsten heimischen Orchideen.

Den kuriosen Widerbart findet man in Hessen nur noch an zwei Stellen.

95

Wo der Purpurblaue Steinsame den Boden deckt, kommt kaum eine andere Pflanze hoch.

Wurzeln: Ein Rhizom, von dem einige Haare abzweigen, steht mit Mykorrhiza-Pilzen in Verbindung, die den Widerbart mit Nährstoffen aus ihrem modrigen Milieu versorgen. Seine verkümmerten Wurzelleitungen, die nicht mehr recht zur Wasseraufnahme taugen, zwingen ihn, an Stellen zu wachsen, wohin Sonnenlicht praktisch nie vordringt.

Ein weiteres Pilgerziel von Pflanzenfreunden ist der Badenstein, den man vom Witzenhäuser Ortsteil Bischhausen aus erreicht. An den Hängen des Berges gedeiht einer der größten Eibenbestände Deutschlands. Die Eibe gehört zur natürlichen Vegetation des Werratales. Anderswo ist sie sehr selten geworden. Ihr rotes Holz diente zur Herstellung von Bögen und Armbrüsten; später fand es in der Möbeltischlerei Verwendung. Da der Baum nur langsam wächst und bis auf den fleischigen Samenmantel giftig ist (bei Paarzehern wie dem Rehwild zeigt das Gift allerdings keine Wirkung), verlor die Forstwirtschaft das Interesse an der Eibe, ja bekämpfte sie sogar. Am Badenstein wächst die Art im schattigen Unterstand des Buchenwaldes, wo die geduckten Baumgestalten mit ihren von der Natur gedrechselten Stämmen an düstere Wesen erinnern, die der Fantasie eines Sciencefiction-Autors entsprungen sein könnten.

Vorbei an Burg Ludwigstein, dem Geburtsort der deutschen Wander- und Jugendbewegung, verlassen wir die Witzenhäuser Gegend und wenden uns nach Süden. Bei Albungen trifft sich, aus dem Höllental preschend, die Berka mit der Werra. Ein Stück berkaaufwärts liegt der Bilstein. Der von Tonschiefern durchsetzte Diabasdurchbruch beherbergt eine Vielzahl von Pflanzenarten, die

Im Wolkenschatten wirkt die »Hessische Schweiz« mit dem markanten Profil der Hörne finster und unnahbar.

Wärme und Trockenheit lieben. Besonders interessant sind die Felsspalten-Gesellschaften mit Milzfarn und Steifem Lauch, der in Deutschland nur hier sowie an einem weiteren hessischen Standort vorkommt.

Von der Bundesstraße 27 aus erhascht man bereits einen Blick auf das Gebiet, in dem wir uns nun umsehen wollen. Steil und unnahbar erheben sich jenseits der Werra die Berge des Gobert-Massivs, dessen westliche Ausläufer allgemein unter dem Namen »Hessische Schweiz« bekannt sind. Über den Kamm des Gobert verlief früher die waffenstarrende Grenze und die Felsbastionen des Gebirges vermitteln den Eindruck, als wollten sie noch heute das thüringische Eichsfeld gegen das hessische Werratal verteidigen. Während die westlichen Randlagen des Unteren Werratales hauptsächlich von geologischen Bildungen des Perm (Dolomite, Plattenkalke, Gipse und Letten der Zechsteinzeit) oder des Paläozoikums (devonische und karbonische Grauwacken, Kieselschiefer und Diabase) bestimmt sind, ragen im Osten schroffe Buntsandstein- und Muschelkalk-Terrassen auf.

Man nähert sich der Muschelkalkformation des Gobert am besten von dem Ort Hitzelrode aus, in dem ein ganzes Netz von Wanderwegen zusammenläuft. Eine der schönsten und einsamsten Routen führt von hier zur Hörne, zum Hohestein und weiter zur Schönen Aussicht. Dazu orientiert man sich an der Wegmarkierung 23/24 und sucht (anhand einer Wanderkarte) einen Durchschlupf zum Höhenweg X5, der alle wesentlichen Sehenswürdigkeiten erschließt. Die Tour verlangt sicher einiges an Kondition und Trittsicherheit, denn man bewegt sich oft auf schmalen Graten, instabilen Schuttfächern und rutschigen Steigen; außerdem sind teils beachtliche Höhenunterschiede zu meistern. Dafür wird der Wanderer mit Natur pur und fantastischen Fernsichten entschädigt.

Zunächst geht es eher gemächlich voran, vorbei an Wald- und Heckensäumen, in denen der attraktive Hain-Wachtelweizen blüht, und in den Orchideen-Buchenwald hinein, wo Trupps der Blauvioletten Akelei die Aufmerksamkeit auf sich lenken, wo Waldvöglein-Arten leuchten und die eigentümliche, fast chlorophyllfreie Vogelnestwurz steht. Wie der Widerbart ist auch die Nestwurz dauernd auf Mykorrhiza-Pilze angewiesen. Bei Berührung ihres Rostellums wird ein Klebetropfen abgesondert, der Pollenpakete an die Bestäuber kittet. An der Böschung des breiten Forstweges, auf den man nach einer Weile stößt, offerieren die gelben Glocken des Großblütigen Fingerhutes Hummeln eine Nektarmahlzeit.

Ganz anders als der schattige Hallenwald, den wir bisher durchquerten, präsentiert sich der Baumbestand der höheren Lagen. Lichtdurchflutet ist er und ausgelegt mit Teppichen einer den Boden dicht deckenden Vegetation aus Frühlings-Platterbse, Bär-Lauch und dem später erscheinenden Wald-Bingelkraut. Dazwischen schimmern die Ähren der Waldgerste und prunken die turbanähnlichen Blüten des Türkenbundes, der am Gobert in unvorstellbarer Zahl auftritt. Wo die Baumwipfel noch mehr Sonnenlicht einlassen, hat sich der Purpurblaue Steinsame ausgebreitet. Von der Hörnekuppe schweift der Blick über den Hainkessel zum Schloss Rothestein und entlang der Werra nach Bad Sooden-Allendorf. – Über den Hörnegrat gelangt man zu den Kalkschutthalden des Hohesteins. Dicht an den Felsen sucht der Fuß jetzt Tritt. Uralte Eiben lehnen ihr glänzendes Nadeldach gegen das Kalksteinriff. Im Feinschuttfächer wachsen Kalk-Blaugras, Finger-Segge,

Muschelkalkriff an der »Schönen Aussicht«.

Spaziergänger sollten sich nicht verleiten lassen, das Rote Waldvöglein zu pflücken; es ist in Hessen gefährdet.

Die Pfirsichblättrige Glockenblume fällt durch ihre großen Blüten auf.

Werratal nördlich Bad Sooden-Allendorf.

Einige der renaturierten Baggerseen bei Eschwege haben sich zu wertvollen Lebensräumen für Pflanzen und Tiere entwickelt.

Mücken-Händelwurz, Braunrote Ständelwurz, Breitblättrige Ständelwurz und Berg-Distel; von Simsen herab blinken die gelben Blütenstände der Berg-Kronwicke. Seltene Falter wie das Braunauge oder die Berghexe umgaukeln den Blumengarten. Bei feuchter Witterung kriechen viele Schnecken umher. Darunter sind mit der Großen Kielnacktschnecke, der Scharfgerippten Schließmundschnecke, der Bräunlichweißen Heideschnecke, der Wulstigen Kornschnecke und der Schönen Landdeckelschnecke auch einige Raritäten.

Ist die Scharte des Hohesteins überwunden, geht man auf dessen Rückseite zum Hauptgrat weiter und kommt schließlich zur Schönen Aussicht, die ebenfalls mit atemberaubendem Panorama lockt. Nahe des Aussichtspunktes entdecken wir die Mandelblättrige Wolfsmilch, die Pfirsichblättrige und die Nesselblättrige Glockenblume, das Breitblättrige Laserkraut, das Wald-Hasenohr, die Ährige Teufelskralle und den Seidelbast. In den Felsen zur Rechten brütet der Wanderfalke. Nun kann man umkehren oder die Runde um den Hitzelroder Kessel schließen, indem man zu Wolfstisch oder Pferdeloch weiterwandert und dort absteigt.

Ein nachdenkliches Wort zum Schluss. Traumhafte Landschaft umgibt die Werra. Sie selbst aber ist ein geschundener Fluss. Ungeklärte Abwässer, vor allem aber die Einleitungen von Chloriden, Phosphaten, Cadmium, Blei und Chrom, meist Abfallprodukte der Kali-Industrie an ihren Ufern weiter südlich, haben sie fast zum Absterben gebracht. Ein Sanierungskonzept liegt schon seit längerem auf dem Tisch, doch wurde es bisher erst in Teilen umgesetzt. Immerhin – veränderte Abbaumethoden und härtere Umweltauflagen ließen die Werra so weit gesunden, dass sie heute sogar Angler anzieht.

Unruhige Erde

Auf Exkursion in Ringgau und Obereichsfeld

Es geschah am 23. Juni 1956. Unheimliches Ächzen und Krachen kündigten das Ereignis an. Gegen 11 Uhr hörten Bauern bei der Feldarbeit lautes Poltern, Bewohner der umliegenden Dörfer ein fernes, dumpfes Grollen. Hernach hatte sich das Gesicht der Landschaft verändert. Aus dem dunklen Wald leuchtete eine weiße Wand. Darunter, gezogen vom Bergsturz, die Spur der Verwüstung – eine 100 m breite Schneise, angefüllt mit zerborstenen Felsen und zerschmetterten Baumstämmen.

Die Wunden des gewaltigen Streiches, den die Natur gegen den Schickeberg im nordosthessischen Ringgau führte, sind inzwischen vernarbt. Der Wald erobert verlorenes Terrain zurück. Er darf dies heute ungehindert, denn das Gebiet um den Schickeberg steht nun unter Schutz.

Als weit nach Westen ausgestreckte Zunge des Thüringer Beckens ist der Ringgau Teil eines Naturraumes, dem auch die vom Werra-Einschnitt abgetrennten Randplatten des Obereichsfeldes angehören. Muschelkalkhöhen, wo zeugenbergartige Sporne, schroffe Abbruchkanten und Steinschutthalden dramatische Akzente setzen, bestimmen das abwechslungsreiche Relief dieser Landschaften. Der klüftige Muschelkalk ist wasserdurchlässig. So erklärt sich die Trockenheit der welligen Hochfläche. Die unter dem Kalk liegenden Rötbänke, das heißt die weichen Tonsteine der obersten Buntsandsteinschichten,

Schauplatz des Bergrutsches am Schickeberg.

Die chlorophyllfreie Schuppenwurz schmarotzt auf holzigen Wirtspflanzen.

Der zu den Narzissengewächsen zählende Märzenbecher ist ein Zwiebel-Geophyt.

Modernde Baumleiche im Frühlingswald.

sind hingegen reich an Quellaustritten. Insofern kommt es im instabilen Grenzbereich der Schichtstufen immer wieder zu Nachbrüchen des Gesteins und es ereignen sich Bergstürze (Sturzfließungen) wie am Schickeberg oder an der Plesse bei Wanfried.

Dem naturkundlich interessierten Wanderer bieten sich in Ringgau und Obereichsfeld vielfältige Möglichkeiten. Lohnende Ziele sind der Muschelkalkzug des Iberges bei Markershausen, die Umgebung von Boyneburg und Schickeberg nebst Erbberg, das Graburg-Massiv zwischen Rambach und Weißenborn oder die Wälder um Plesse und Konstein. Es sind nicht die geologischen Formationen allein, die uns anziehen, sondern auch die Vielfalt der Pflanzen und Tieren.

Jedes Frühjahr, während des Laubaustriebes, erlebt man in den Platterbsen- und Orchideen-Buchenwäldern beiderseits der Werra sein Blütenwunder. So weit das Auge reicht, prangt der Waldboden im Geophytenflor. Als Geophyten bezeichnen Botaniker solche Gewächse, deren Erneuerungsknospen den winterlichen Frost im Boden überstehen. Die oberirdischen Triebe werden jedes Jahr aufs Neue gebildet, wobei die Pflanzen auf die Speicherstoffe ihrer Zwiebeln oder Rhizome zurückgreifen. Mit der Bildung von Stängeln und Blüten müssen sich die heimischen Geophyten beeilen, denn sonst schließt sich der dichte Blattschirm der Buchen über ihnen und es dringt nur noch wenig Licht zum Boden vor. Leberblümchen, Wald-Gelbsterne, Windröschen, Frühlings-Platterbsen, Wald-Schlüsselblumen und all die anderen sind also echte Frühlingsboten – ein Versprechen der Natur, dass es mit den kalten Tagen nun ein Ende hat. Mit etwas Glück findet man in den geophytenreichen Kalkbuchenwäldern der Region auch noch Herden des selten gewordenen Märzenbechers oder Exemplare der eigenartigen Schuppenwurz. Letztere ist ein Schmarotzer mit schuppig beblättertem Rhizom, der das Xylem – also die Holzteile des Wasserleitgewebes – seiner Wirte (Hasel, Pappeln, Erlen) anzapft, um dort gelöste anorganische Nähr-Ionen aufzunehmen. In manchen Jahren sucht man die Schuppenwurz vergebens. Sie kann nämlich auch unterirdisch blühen. Allerdings öffnen sich die Blüten im Boden nicht und es kommt zur Selbstbestäubung in den Knospen.

Von Rambach aus führt ein Wanderweg zum Plateau der Graburg. Pflanzenfreunde schwärmen von dieser Route, denn sie quert die Teppiche der Frühlingsgeophyten, die Standorte von Orchideen sowie von Arten der Schuttfächer und Felsspaltengesellschaften. Im Königental, vorbei an der Schulter des Manrod, über die sich eine Flut aus Kalkschutt ergießt, geht es bergan. Felsmauern und Steilhänge überall. Hat man den »Burghof«, das Plateau der Graburg, erklommen, bietet sich eine Runde an – zunächst der X5-Markierung folgend, später auf schmalem Pfad am nördlichen und östlichen Rand des Massivs zur exponierten Rabenkuppe mit herrlichem Fernblick.

Dank ihrer seltenen Tiere (etwa des vom Aussterben bedrohten Großpunkt-Bläulings) und insbesondere Pflanzen zählt die Graburg zu den bedeutendsten Naturschutzgebieten Hessens.

Nachgewiesen wurden unter anderen Eibe, Flaum-Eiche, Scheidige Kronwicke, Berg-Reitgras, Heilwurz-Sommerwurz, Purpur-Knabenkraut, Blassgelbes Knabenkraut, Schmallippige Ständelwurz und Frauenschuh. Um seine Bestäubung zu sichern, bedient sich der Frauenschuh eines »gemeinen« Tricks. Seine pantoffelförmige Lippe ist zu einer Kesselfalle umgebildet. Hineingefallene Blütenbesucher, die Weibchen verschiedener Sandbienen, können nur einen der beiden Ausgänge am Lippengrund benutzen, da die Ränder der Hauptöffnung einwärts gebogen und glatt sind. Beim Ausstieg über eine Haartreppe muss das Insekt an einem Staubbeutel vorbei, der es mit schmierigem Pollen belädt. Wie sehr Pflanzen und Tiere in ihrem Lebensraum aufeinander angewiesen sind, unterstreichen auch die Beziehungen zwischen dem Blassgelben Knabenkraut, verschiedenen Hummel-Arten und der Frühlings-Platterbse. Die Orchidee ist – nach menschlichen Maßstäben – eine Betrügerin, die ihren Bestäubern, eben den Hummeln, zwar eine leckere Mahlzeit verspricht, in ihrem Sporn aber keinen Nektar bereithält. Diesen Part übernimmt die Platterbse. Sobald die Quelle versiegt, »fliegen« die Hummeln »auf« das am gleichen Wuchsort stehende Knabenkraut – und werden enttäuscht.

Den Abschluss des Eschweger Werrabeckens zum hoch gelegenen Eichsfeld bilden die Bergkuppen von Plesse und Konstein. Auch diese Gipfel sind wertvolle Pflanzenstandorte. Vom Parkplatz an der Grillhütte oberhalb des Städtchens Wanfried kann man sie erwandern. Der Orientierung dient die Beschilderung mit der Aufschrift »Plesseturm«. Am Wegrand wachsen Hain-Wachtelweizen und Süßer Tragant, im stärker beschatteten Waldmantel Tollkirsche, Schwalbwurz, Wasserdost, Wald-Wicke, Breitblättriges Laserkraut, Wald-Hasenohr, Pfirsichblättrige und Nesselblättrige Glockenblume und Ebensträußige Margerite, unter dem Blätterdach der Buchen, Eschen, Sommer-Linden und Berg-Ahorne schließlich Waldvöglein- und Ständelwurz-Arten, Vogelnestwurz, Türkenbund, Blauviolette Akelei, Christophskraut und Maiglöckchen. Die dem Boden aufliegenden Blüten der Haselwurz werden von Schnecken bestäubt; die mit Lock- und Nährstoffen versehenen Samen verbreiten Ameisen. Erneut sehen wir Blassgelbes und Purpur-Knabenkraut, vereinzelt auch den Wolfs-Eisenhut. In der Plessenwand ver-

Seiner pantoffelförmigen Lippe verdankt der Frauenschuh den Namen.

Den Hain-Wachtelweizen trifft man hauptsächlich in Ost-Hessen.

Noch immer ein Geheimtip für Naturfreunde – der Ringgau.

Gern saugt der Kleine Eisvogel an nasser Erde auf Waldwegen (links).

Der Salweiden-Schillerfalter unterscheidet sich vom Espen-Schillerfalter durch den fehlenden Augenfleck im Vorderflügel (rechts).

Im »Elfengrund« durchfließt der Gatterbach ein zauberhaftes Labyrinth aus Kalksinter.

suchen Naturschützer, den Wanderfalken wieder heimisch zu machen. Man darf daher den Schuttfächer unter dem Steilabbruch nicht betreten. Wer jedoch weiter zum Konstein wandert, kann da die typische Flora der Abbruchkanten und Kalksteinhalden kennen lernen. Neben Salomonssiegel, Purpurblauem Steinsamen, Färberscharte, Kleinblütiger Wiesenraute, Blut-Storchschnabel, Berg-Kronwicke, Berg-Aster, Schwarzwurzel, Weidenblättrigem Alant, Berg-Distel und Traubiger Graslilie blüht hier als Besonderheit die Feuer-Lilie.

In luftfeuchten Waldschneisen und auf schattigen Lichtungen fliegen einige unserer schönsten Tagfalter: Großer und Kleiner Eisvogel sowie Salweiden-Schillerfalter; trockenere und stärker besonnte Habitatstrukturen bevorzugen Segelfalter und Schwalbenschwanz. Zur Überwinterung »schneidern« sich die Raupen der Eisvögel aus einem Blatt, das sie mit Raupenseide zusammenziehen, ein tönnchenförmiges Gespinst (Hibernaculum). Die Jungraupen sind nur schwer zu entdecken, denn sie ähneln einem Häufchen Vogelkot. Diese Art der Tarnung wird demzufolge treffend als »Vogelkot-Mimese« bezeichnet.

Ein besonderes Spektakel erwartet Naturfreunde im Tal des Gatterbaches. Zu Füßen des Konsteins, im Elfengrund, hat der Bach eine zauberhafte Szenerie mit Kalksinterterrassen und Kaskaden geschaffen. Überall perlt, tropft, rieselt, rinnt das Wasser, hüpft über Treppen, wälzt sich in Wannen, leckt an umgestürzten, mit Aragonit überkrusteten Bäumchen. Der Bach gabelt und verzweigt sich, strebt in verschiedene Richtungen und sammelt weiter unten die versprengten Rinnsale erneut, um eine letzte bemooste Stufe zu überspringen. Zur Ausfällung des Aragonit-Calciumcarbonats, das wegen der Verunreinigung mit organischen Partikeln eine lockere, poröse Struktur aufweist, kommt es durch rasches Entweichen von Kohlensäure infolge Erwärmung und Druckentlastung von kalk- und CO_2-haltigem Wasser nach dessen Quellaustritt. Zu den Sinterbildungen des Gatterbaches gelangt man auf einem Pfad, der den Forstweg vom Konstein nahe der B 249 nach rechts verlässt, oder – einfacher – dem Hinweisschild »Wasserfall« an der Bundesstraße folgend.

Paradies aus Menschenhand

Der Rhäden von Obersuhl und Dankmarshausen

Als nach 1949 der Eiserne Vorhang über Deutschland fiel, durchtrennte er gewachsene Landschaften. An der Reibungsfläche der politischen Machtsphären tobte der Kalte Krieg: Flüchtende ließen im Kugelhagel von Grenzwächtern ihr Leben, Überwachungskameras zeichneten jeden Schritt des Gegenübers auf. Hüben wie drüben entwickelte sich eine Mentalität, die Nachbarn nach gut und böse sortierte. Was die Menschen schied, war freilich ein Gewinn für die Natur. Große Flächen diesseits und jenseits des »Todesstreifens« wurden aus der Nutzung genommen oder vernachlässigt. So entstanden Zufluchtsräume für andernorts bedrängte Pflanzen und Tiere. Nun bemühen sich Naturschützer seit dem Wegfall der innerdeutschen Grenze um den Erhalt dieser Gebiete.

Oft können solcherlei Projekte nur in Länder übergreifender Aktion verwirklicht werden. Auch beim »Rhäden von Obersuhl und Dankmarshausen« war dies der Fall. Kraft der Kooperation Hessens und Thüringens gelang hier die Wiederzusammenführung der geografischen und biologischen Einheit Rhädensenke und damit die Sicherung eines Feuchtgebietes von überregionaler Bedeutung. Bereits in den Jahren 1973 und 1985 hatte man Teile des hessischen Rhäden unter Schutz gestellt; 1995 erhielt auch der thüringische Sektor Schutz-Status.

Der Rhäden liegt im Naturraum des Salzunger Werraberglandes und ist von der Werra nur durch eine gut 1 km breite Schwelle getrennt; er bildet den südwestlichen Abschluss des Gerstunger Beckens. Ihre Existenz verdankt die Senke geotektonischen Vorgängen und der damit einhergehenden Auflösung mächtiger Salzstöcke im mittleren Pliozän. Die noch heute von der Kali-Industrie bergmännisch ausgebeuteten Salzvorkommen waren bereits im Perm durch Verdunstung von Meerwasser entstanden. Sie sind dem Rotliegenden, dem ältesten permischen Schichtkomplex, aufgelagert und von jüngeren Zechsteinschichten sowie triassischem Buntsandstein bedeckt. Während der am Ende des Erdmittelalters erfolgten Saxonischen Gebirgsbildung, die

Die Abraumhalde des Kaliwerks Alexandershall setzt den wirkungsvollen Kontrapunkt zur Teich- und Sumpflandschaft des Rhäden.

Luftvibrationen an den äußersten Steuerfedern erzeugen beim Balzflug der Bekassine ein »meckerndes« Geräusch; darum wird der Vogel auch »Himmelsziege« genannt (links).

Den Schilfrohrsänger zeichnet sein fein gestreifter Rücken aus (rechts).

Pfeilkraut und Teichrose gehören im Rhäden zu den häufigeren Pflanzen.

unter anderem die Heraushebung des Thüringer Waldes bewirkte, rissen tiefe Klüfte auf und es kam zu erheblichen Lagerungsstörungen. Eingedrungenes Wasser schuf durch Salzauslaugung Hohlräume, über denen das Deckgebirge zusammensackte. Wo die Erdoberfläche solche Dellen aufwies, sammelte sich Wasser. Auch der Rhäden war zunächst ein See, in dem sich Grobsande, Schluffe, Tone und Mudden absetzten. Mit der Zeit begann die Verlandung und das Gewässer wich einem Moor. Im Ostmitteldeutschen bedeutet Rhäden »Ried« oder »Schilfland«. Es wird demnach vor 1859 – als der Mensch daran ging, das Moor zu entwässern – gewesen sein, dass der Rhäden seinen Namen erhielt. Nach seiner Trockenlegung diente er als Viehweide und Ackergrund. Die Grenzziehung der jüngeren Vergangenheit beendete jegliche Nutzung. Naturfreunde vereitelten nach dem Fall des Eisernen Vorhangs die Aufforstung des verbrachenden Gebietes, sorgten für Wiedervernässung, indem sie Gräben zogen, Dämme und Wehre errichteten. Ihrem Einsatz ist gutzuschreiben, dass die Rhädensenke heute zu den Preziosen des Verbundsystems »Feuchtbiotope der Werra-Aue« zählt und zum Schmuckstück des »Grünen Bandes« wurde, das die wertvollsten Lebensräume des ehemaligen Grenzstreifens umfasst.

Seine Bedeutung als Brut-, Nahrungs- und Rastgebiet für zahlreiche in ihrem Bestand bedrohte Vogelarten verdankt der Rhäden dem Nebeneinander verschiedener Habitate: Offene Wasserflächen wechseln mit Verlandungszonen und sumpfigen Abschnitten, Röhrichten und Seggenriedern ab, Gräben und Hochstaudenfluren stehen in engem Verbund mit extensiv bewirtschaftetem Grünland und Wald. Periodisch austrocknende Uferstreifen werden von der Tüpfelralle aufgesucht. Der scheue Vogel bleibt meist unbemerkt, da er selbst durch niedrigste Vegetation zu schleichen vermag. In den Flachwasserbereichen mit Schwimmblattvegetation sieht man Tafel-, Reiher- und Löffelente, während der Haubentaucher Tiefwasserzonen bevorzugt. An Gräben mit stehendem oder langsam fließendem Wasser halten sich Krickente, Knäkente und Zwergtaucher auf. Den Flussregenpfeifer trifft man an Kiesbänken. In den

extensiv durch Beweidung oder Heuernte genutzten Wiesen brüten Wiesen-Pieper, Braunkehlchen, Kiebitz und Bekassine, auf Brachflächen das Schwarzkehlchen, in Röhrichten unter anderen Rohrweihe, Wasserralle, Rohrammer, Schilf- und Teich-Rohrsänger. Nur unregelmäßig zieht die Kleinralle im Rhäden ihre Jungen groß. Geschickt klettert sie im Dschungel der Schilfhalme – ein ungewöhnliches Verhalten für einen mit den Kranichen verwandten Vogel. Zu den Brutvögeln gesellen sich Durchzügler und Gäste wie Kormoran, Fischadler, Kranich, Schwarzstorch, Gänse-Säger sowie eine Anzahl nordischer Enten und Limikolen. Selbst Ausnahmeerscheinungen wie Weißbart- und Weißflügel-Seeschwalbe konnten Ornithologen nachweisen. Sollte sich das Ökosystem noch weiter stabilisieren, ist künftig gar mit der Wiederansiedlung der ausgestorbenen Arten Kampfläufer, Rotschenkel, Uferschnepfe, Rohrdommel und Trauer-Seeschwalbe zu rechnen.

Auch botanisch hat der Rhäden eine Menge zu bieten, zum Beispiel Teichrose, Wasserfeder, Pillenfarn, Fuchs-Segge, Schuppenbinse, Sumpfquendel, Nickenden Zweizahn, Sumpf-Weidenröschen, Blutauge, Wiesen-Schachtelhalm oder das schwimmfähige Breite Teichlebermoos. Alle diese Pflanzen sind in Hessen oder gar bundesweit gefährdet beziehungsweise vom Aussterben bedroht. Der Efeublättrige Wasserhahnenfuß wurde nach seinem Verschwinden wieder angesiedelt.

Viele Insektenarten, darunter einige vom Aussterben bedrohte Libellen und Heuschrecken, aber auch Reptilien und Amphibien wie Ringelnatter, Moorfrosch, Gelbbauch-Unke oder Kamm-Molch finden im Rhäden inzwischen optimale Lebensbedingungen vor. Das gilt insbesondere für Arten von Pionierbiotopen, wie sie etwa durch periodisches Öffnen und Schließen von Wehren immer wieder entstehen. Die Unke zum Beispiel »reagiert« auf die wechselnde Wasserführung ihrer Laichgründe mit einer speziellen Fortpflanzungsrhythmik, die sicherstellt, dass nie alle Individuen einer Population gleichzeitig paarungsbereit sind.

Wie kaum ein anderes Naturschutzgebiet bietet der Rhäden dem Besucher ein breites Informationsangebot, ob im Obersuhler Naturschutzzentrum oder an dem auf Dankmarshäuser Gemarkung liegenden, grafisch hervorragend gestalteten Info-Stand. Zwar darf die Kernzone des Reservats aus nahe liegenden Gründen nicht betreten werden, doch erlaubt ein mit Fernrohr ausgerüsteter Beobachtungsturm, den man über einen am westlichen Ortsrand von Obersuhl abzweigenden asphaltierten Weg erreicht, hervorragende Einblicke in das Teich-, Sumpf- und Wiesengelände.

Blütenbesucher müssen einen Engpass zwischen Perigonzipfel und Griffellappen bewältigen, um an den tief in der Kronröhre der Wasser-Schwertlilie geborgenen Nektar zu gelangen.

Mit dem grün schillernden Rücken und der spitzen Holle unverkennbar – der Kiebitz (links oben).

Dem Nesthäkchen im Horst der Rohrweihe steht ein grausames Schicksal bevor: Die Geschwister werden es töten, um die eigene Überlebenschance zu vergrößern.

Hessenweit brütet die seltene Löffelente nur im Rhäden.

Aus Feuer geboren
Der Hohe Vogelsberg

Die Farben des Herbstes haben den Wald am Oberlauf der Nidda entflammt.

Ein Morgenspaziergang. Maiengrün kränzt den Wald. Über Nacht hat es geregnet. Noch ist die Luft klar, aber schon bald wird die Sonne aus Pfützen trinken, wird Dunstschwaden ansaugen und dann neue Wolkentürme aufstellen. Eine Rehgeiß führt zum ersten Mal den Nachwuchs auf die Lichtung. Staksig setzen die beiden noch recht unbeholfenen Kitze ihre Läufe ins unangenehm nasse Gras. Von überall her begrüßen Vogelstimmen den Tag. Perlende Koloraturen verraten das Rotkehlchen. Vom Wipfel einer Fichte intoniert die Singdrossel ihre jubelnden Phrasen, akzentuiert sie durch weiches Flöten. Im Stakkato auf einer Tonhöhe trägt der Waldlaubsänger sein Lied vor, das ein zitternder Triller beschließt. Mit kraftvollem Schmettern mischt sich der Buchfink in das Konzert ein.

Wir sind – natürlich – im Vogelsberg. Breit hingelagert und fast kreisrund erhebt sich das Mittelgebirge zwischen Wetterau und Fuldatal. Vor zirka 65 Millionen Jahren, als die Erde aufbrach und Vulkane gebar, ist es entstanden. Lavaströme wälzten sich aus den Schloten der Feuerberge. Sie begruben das Sandsteinfundament der Hessischen Senke auf einer Fläche von 2500 Quadratkilometern. An Ausdehnung wird diese Basaltlandschaft in Europa lediglich vom französischen Zentralmassiv und dem slowakisch-ungarischen Erzgebirge übertroffen. Phasen reger vulkanischer Aktivität waren im Vogelsberg von lang anhaltenden Ruhepausen unterbrochen. Lavadecken verwitterten, aber neue Eruptionen schoben weitere Magmaströme nach. So kam es zu jener treppenartigen Architektur des Gebirges, dessen Stufen man heute als Vorderer, Unterer und Hoher Vogelsberg bezeichnet.

Raues Klima und launisches Wetter haben den Vogelsberg in Verruf gebracht. Regen fällt oft. In manchen Jahren empfängt der Oberwald bis zu 1800 mm Niederschlag. Die Häupter von Hoherodskopf, Taufstein und Sieben Ahorn verhüllt nicht selten Nebel. Und im Winter bleibt der Schnee durchschnittlich zweieinhalb Monate liegen. Angesichts solcher Unbilden spottet der Volksmund, Kirschen würden hier zwei Jahre brauchen um zu reifen: Sei eine Seite rot gewor-

den, müsse man die Früchte umhängen, damit auch die andere etwas Sonne abbekäme. – Im Windschatten des Massivs nimmt die Regenneigung deutlich ab, denn meist fangen sich die von Westwinden herbeigetriebenen Wolken am steilen Luv und verlieren dort schon ihre nasse Fracht.

Um die Natur im Westteil des Vogelsberges kennen zu lernen, begeben wir uns auf eine Wanderung, die von Rudingshain zum Geiselstein führt. Am östlichen Ortsrand folgt man einem Feldweg, der parallel zur jungen Nidda verläuft und auf einen weithin sichtbaren Sendemast im Wald zuhält. Obstbäume und Hecken begleiten zunächst die Strecke. Das zärtliche Lied der Goldammer (»Wie, wie, wie hab' ich dich lieb«) macht auf einen der häufigsten Vögel unserer Feldflur aufmerksam. Ist man an einem sonnigen Herbsttag unterwegs, fallen einem bestimmt auch die haarigen Raupen des Zimt-Bären auf, die dann in großer Zahl umhermarschieren.

Wo der Wanderweg die Nidda kreuzt, weisen Schilder darauf hin, dass man das Naturwaldreservat (NWR) »Niddahänge« betreten hat. Naturwaldreservate sind ausgewählte repräsentative Flächen, auf denen keine forstliche Nutzung

Huckepack zum Laichplatz: Das kräftigere Erdkrötenweibchen muss seinen Liebhaber schleppen.

mehr stattfindet. In Hessen dienen sie primär der Forschung. Der Artenbestand von Fauna und Flora soll erfasst, mit dem von weiter bewirtschafteten Flächen verglichen und in seiner Entwicklung beobachtet werden. Bereits jetzt hat das Projekt, dem in ganz Hessen 31 Gebiete angeschlossen sind, erstaunliche Ergebnisse gezeitigt. War man noch vor wenigen Jahren davon ausgegangen, dass in den Buchenwäldern Mitteleuropas maximal 1800 Tierarten leben, registrierten Auszählungen allein im NWR Niddahänge 2328 Arten, darunter mit dem Fransenflügler *Hoplothrips carpathicus* einen Erstnachweis für Deutschland!

Im Waldreservat »Niddahänge« östlich Rudingshain sind der Natur keine Grenzen mehr gesteckt.

**Mit der goldgelben Zwiebel des Türkenbundes glaubten Alchemisten unedles Metall in Gold verwandeln zu können (links).
In der Volksheilkunde behandelte man mit der Blauvioletten Akelei Leber- und Gallenleiden (Mitte).
In Hessen nur lokal verbreitet: die Berg-Flockenblume (rechts).**

Sommer an den »Forellenteichen«.

Das NWR umfasst mehrere Waldgesellschaften – neben bachnahem Hainmieren-Erlenwald sind das Waldmeister-, Waldgersten- und Hainsimsen-Buchenwald – sowie andere Vegetationseinheiten, zum Beispiel Sickerquell- und Hochstaudenfluren. Aus der Tierwelt sollen hier nur einige typische Buchenwaldbewohner hervorgehoben werden. Dazu gehört etwa die Waldschnepfe. Dank ihres laubfarbenen Kleides ist sie glänzend getarnt und meist nur während des »Schnepfenstriches« im Frühjahr zu sehen, wenn der Vogelmann laut quorrend sein Revier patrouilliert. Den großen Nagelfleckspinnern begegnet man schon im April. In wildem Zickzackflug kommen dann die männlichen Falter daher und suchen nach Weibchen, die am Fuß von Buchenstämmen auf sie warten. Unter gefallenen Stämmen, vor allem solchen, die schon halb vermodert sind und deshalb viele Regenwürmer angezogen haben, lebt eines der merkwürdigsten Tiere des Vogelsbergs – die Rötliche Raub-Lungenschnecke. Nur 2 cm lang und mit einem winzigen Häuschen geziert, das wie ein Käppi am Hinterende sitzt, mutiert die Schnecke zum Sciencefiction-Monster, wenn ihr ein Wurm in die Quere kommt: Auf ein Drittel Körperlänge fährt die mit vielen Zähnen gespickte Schneckenzunge (Radula) heraus, schiebt sich unter die Beute und transportiert sie zum Schlund.

Durch schattigen Hallenbuchenwald setzen wir die Wanderung fort, wobei die Niddahänge links umgangen werden, und nähern uns von Westen dem Naturschutzgebiet »Forellenteiche«. Die drei Teiche sind erst in den 1970er Jahren durch Aufstau der Nidda entstanden. Kleinseggensümpfe, Quellfluren, Pfeifengrasbrachen, Röhrichte, Großseggenrieder, Hochstaudenfluren, Weidengebüsch und extensiv genutztes Grünland grenzen an die Stillgewässer. Auf den mageren Goldhaferwiesen geben sich Wald-Storchschnabel, Schwarzviolette und Kugelige Teufelskralle, Kleinblütiger Klappertopf und Weicher Pippau ein Stelldichein, in feuchteren Bereichen treten Trollblume, Moor-Klee, Quellkraut, Gefleckte und Breitblättrige Fingerwurz hinzu. Eingestreut sind Borstgrasrasen, die sofort durch ihre schwache Wüchsigkeit auffallen. Hier blühen Nordisches Labkraut, Wiesen-Leinblatt und Arnika. An den Teichufern haben sich unter anderen Blasen- und Schnabel-Segge sowie – botanische Kostbarkeiten allesamt – Nadelbinse, Verschiedenblättrige Kratzdistel und Purpur-Reitgras angesiedelt.

Nach dem Abstecher zu den Teichen kehren wir zur linken Talseite zurück und orientieren uns an der Beschilderung Niddaquelle / Hochmoor. Schon bald gelangt man zu dem früher ausgedehnten Wiesen- und Moorkomplex »In der Breungesheimer Heide«. Die Nidda, deren Lauf wir bisher mit Abschweifungen gefolgt sind, hat hier ihren Ursprung. Normalerweise streben Fließgewässer, kaum der Quelle entronnen, einer bestimmten Richtung zu. Nicht so die Nidda. Nach Starkregen, wenn der Wasserstau besonders groß ist, schickt ihre Quelle, der Landgrafenborn, das sprudelnde Nass mutwillig mal nach Norden,

zur Weser, mal nach Süden, zum Main, auf die Reise. Dem deutschen Ordnungssinn ist das zuwider. Forstleute schufen daher einige Meter unterhalb der alten eine neue Schüttung, die »vorschriftsmäßig« zum Main hin entwässert. Das Hochmoor, dem die Nidda entspringt, verdient diesen Namen eigentlich kaum noch. Torfstich, Trockenlegung und Aufforstung mit Fichten brachten es zum Absterben. Durch Wiedervernässung will man das wenige, was erhalten blieb, regenerieren. Die typischen Sumpf- und Moorpflanzen – Krähen-, Rausch- und Moosbeere, Schmalblättriges und Scheidiges Wollgras, Sumpfblutauge, Fieberklee, Siebenstern, Bach-Nelkenwurz und Rautenblättrige Birke – scheinen sich seither tatsächlich zu erholen.

Durch Fichtenwald geht es nach Norden weiter zur Goldwiese, einem ebenfalls geschützten Teil der Breungesheimer Heide. Waldnahe Hochstaudensäume, Kreuzblumen-Borstgrasrasen, Quellfluren und Goldhafer-Wiesen legen Ende Mai, Anfang Juni ihren besten Blumenschmuck an. Neben Arten, die wir bereits bei den Forellenteichen und im Hochmoor kennen lernten, entdeckt man hier Türkenbund, Berg-Flockenblume, Pfirsichblättrige Glockenblume und Grünliche Waldhyazinthe. Viele Schmetterlinge besuchen diese Nektar-Tankstellen, darunter auch der Schwarze Apollo. Der Falter, den man auf den ersten Blick mit einem Weißling verwechseln könnte, kommt nur noch an wenigen Stellen in Deutschland vor. Seine Raupen bevorzugen als Futterpflanze den Mittleren Lerchensporn. Der aber ist zur Falterflugzeit längst verblüht. Nach der Begattung orientieren sich die Weibchen daher am Geruch beschädigter Lerchenspornknollen; ihre Eier legen sie in unmittelbarer Nähe am Boden oder an dürren Zweigen ab. Erst im nächsten Frühjahr schlüpfen die Raupen und machen sich gleich über die frische Nahrung her.

Lerchensporn-Arten gehören zur Bodenvegetation des naturnahen Waldes am Geiselstein, der letzten Station, die wir im westlichen Vogelsberg besuchen wollen. Sie liegt knapp östlich der Goldwiese. Unzugängliche Blockhalden bedecken die Steilhänge des Basaltdurchbruchs. Schlangen- und Keulen-Bärlapp schieben ihre gabelig verzweigten Stängel über die Halde. Die dem Geiselstein vorgelagerten Erlenbrüche beherbergen Märzenbecher, Geschecktes Eisenhut und Scheidigen Gelbstern. In den urigen Zahnwurz-Buchenwäldern kann man den Wolfs-Eisenhut finden, ferner den Glanz-Kerbel und den Hellvioletten Milchlattich. Wie andere Pflanzen auch, unterstreichen sie den fast alpinen Charakter der Flora im Vogelsberg – nur knapp eine Autostunde vom Main-Tiefland und der Großstadt Frankfurt entfernt.

Die lustigen Schöpfe des Wollgrases wehen im Juni über feuchten Stellen der »Goldwiese«.

Still und geheimnisvoll – Winterwald im Hohen Vogelsberg.

Alles fließt

Bäche, Flüsse und Teiche im östlichen Vogelsberg

Rund 10 000 Menschen aus Hessen haben 1996 die Initiative des Naturschutzzentrums Wetzlar unterstützt, den Lebensraum Bach zum »Biotop des Jahres« zu erklären. Daran ist abzulesen, dass von der Bevölkerung die Bedeutung unverbauter Gewässer in landschaftsästhetischer, aber auch in ökologischer Hinsicht erkannt und ihr Erhalt als Chance begriffen wird, wesentliche Ausschnitte unserer Umwelt in ihren Funktionen als natürliche Ressource und Artenreservoir zu sichern.

Der Vogelsberg gehört zu den an Fließgewässern reichsten Regionen Deutschlands. Ein Blick auf die Landkarte bestätigt das: Sternförmig streben aus den Hochlagen des Oberwaldes erst Bäche, dann Flüsse den großen Strömen zu. Salz, Bracht, Nidder und Nidda zieht es ins Rhein-Main-Gebiet, die Ohm wendet sich der Lahn zu, Schwalm, Lauter, Schlitz und Lüder verlassen ihre Geburtsstätte in Richtung Fulda. Wenn im Vorfrühling die Schneeschmelze eingesetzt hat, plätschert und stürzt das Wasser von jedem Hang, gischtet und gurgelt in jeder Rinne. Wie mit einem Netz von Silberfäden überzogen, glitzern Berg und Tal im Gegenlicht.

Bei Stockhausen mündet ein bemerkenswertes Flüsschen in die Schlitz. Unterwegs ändert es dreimal den Namen: Altfell heißt es im letzten Abschnitt der Reise durch den östlichen Vogelsberg, Altefeldbach zwischen Altenschlirf und Ilbeshausen, wo es früher das Rad der malerischen »Teufelsmühle« antrieb, und schließlich – ab der Quelle unweit des Taufsteins – trägt es die paradoxe Bezeichnung Schwarzer Fluss. Ein behäbiger Fluss aber ist der muntere Bergbach, der in schmalem Bett talwärts springt, beileibe nicht. Der sauberste Bach Deutschlands soll er sein, was die Konkurrenz aus Bayern und Baden-Württemberg sicher nicht gerne hört. Ohne diese Diskussion allzu sehr zu vertiefen – fest steht, die Wassergüte des Schwarzen Flusses ist über jeden Zweifel erhaben. Das belegt die Vielzahl seltener und seltenster Bewohner, die auf kristallklares Nass angewiesen sind.– Gemäß der zonalen Einteilung von Fließgewässern gehört der Schwarze Fluss dem Rhitral an, dem Typ der sommerkalten Bäche. Durch schattigen Hallenbuchenwald sucht er seinen Weg, tunnelt dabei gestürzte Baumgreise, hüpft über Basaltgeröll, hält an Hindernissen, die ihm Steine und Äste entgegenstellen, für kurze Zeit inne, um zu guter Letzt weiterzueilen, als wüsste er Ziel oder Bestimmung.

Der steinige Bachboden bietet dem rasch (etwa ein Meter pro Sekunde) strömenden Wasser ständig Widerstand. Hieraus resultierende Verwirbelungen und Sprünge bewirken eine optimale Sauerstoffsättigung – wesentliche Voraussetzung für das Vorkommen der Bachforelle, der die Gewässersohle als Laichsubstrat dient. Mehr noch als die Forelle ist die Flussperlmuschel zum Indikator für absolut sauberes Wasser geworden. Am Schwarzen Fluss hat sie eines ihrer letzten Refugien in Deutschland. Kühl und schattig muss

Unser Eisvogel – ein fliegender Edelstein.

Vom Schwarzen Fluss heißt es, er sei der sauberste Bach Deutschlands.

Ritter im Chitinpanzer – der Flusskrebs.

Winter am Altefeldbach.

rentwillen die Muschelbänke früher in zehnjährigem Umtrieb »abgeerntet« wurden, kommt es auf unterschiedliche Weise – durch Abkapselung eingedrungener Fremdkörper, durch Parasitenbefall oder durch Wachstums-Anomalien des eigenen Bindegewebes. Heute droht die Flussperlmuschel auszusterben. Nicht wegen der Perlenfischerei, sondern weil es an Nachwuchs fehlt. Die Ursachen werden noch untersucht. Vielleicht ist die zunehmende Versauerung unserer Bäche schuld, vielleicht zu starke Nährstoffbelastung, denn der Wind trägt die Kunstdüngerschwaden der Landwirtschaft bis in die entlegensten Wälder.

der Lebensraum der Muschel sein, die hundert Jahre und älter werden kann. Ihre Fortpflanzung gelingt nur, wenn auch Bachforellen zur Stelle sind. Vier Wochen lang leben die Muschellarven (Glochidien) nämlich parasitär an der Forelle, genauer gesagt in deren Kiemenreuse. Ist der Fisch seine Plagegeister endlich losgeworden, graben diese sich ein, um der starken Strömung zu entgehen. Waren die Glochidien bisher nur am Blut ihres Wirtes interessiert, filtern sie fortan pflanzliches Plankton. Zur Bildung von Perlen, um de-

Die Zukunftsaussichten des Flusskrebses sahen einmal ähnlich trüb aus. Der nachtaktive Allesfresser mit Hang zu fleischlicher Kost kroch einst in fast jedem Gewässer umher. Dann kam die Krebspest, die nach 1875 in ganz Europa wütete. Der Erreger ist ein Pilz, der die Tiere innerhalb weniger Tage tötet. Inzwischen haben sich Resistenzen gebildet und der Patient scheint »über den Berg«. Gewässerverschmutzung und die Nahrungskonkurrenz mit dem vielerorts eingebürgerten Amerikanischen Flusskrebs machen der

Art aber noch zu schaffen. – Krebs, Forelle und Muschel teilen ihr Habitat mit dem Feuersalamander, dessen Abbild auch eine Wandermarkierung ziert, die uns ab Hochwaldhausen auffordert, dem Lauf des Schwarzen Flusses bergan zu folgen. Allerdings halten sich nur die Larven des Salamanders im Wasser auf. Die erwachsenen Tiere, denen ihre Giftigkeit mit schwarz-gelber Warnfärbung auf den Leib geschrieben ist, hausen im Wurzelstock von Bäumen, unter Totholz, in Gesteinsfugen oder im Falllaub. Nachts und bei Regenwetter ziehen sie von dort auf Beutefang.

Das grobkörnige Lückensystem der Bachgeschiebe bietet vielen wirbellosen Tieren Verstecke sowie Schutz bei großer Kälte und Hochwasser. Artenreich vertreten sind Strudelwürmer, Wassermilben, Bachflohkrebse, die Larven von Eintagsfliegen, Steinfliegen, Köcherfliegen, Schmetterlingsmücken, Netzflügelmücken, Kriebelmücken und Zuckmücken. Von ihnen ernährt sich die Wasseramsel. Während sie zum Bachgrund taucht, rennt und flattert die Bergstelze am Ufer den ausgewachsenen Insekten hinterher.

Mit dem Namen ändert sich auch der Charakter unseres Baches. Er wird allmählich breiter, Gefälle und Fließgeschwindigkeit nehmen ab. Auch die Umgebung ist eine andere geworden. Erlen säumen den Altefeldbach, dann Wiesen und Weiden, in die sich seine Schlingen eingeschnitten haben. Zwar gibt es noch größere Steine im Bachbett, insgesamt aber sind die Sedimente nun stärker zermahlen. Der Sauerstoffgehalt schwankt zwischen guter Sättigung und leichtem Defizit. Da in sommerwarmen Fließgewässern (Potamal) aufgrund des stärkeren Pflanzenwachstums am Ufer und im Bach selbst Fracht beziehungsweise Ablagerung zersetzter Biomassepartikel zunehmen, leben hier auch mehr Tiere. Wenigborster, Egel, Schlammröhrenwürmer und Schnecken treten nun erstmals auf oder werden häufiger. Zu den rascher Strömungsrhythmik angepassten Fischen gesellen sich Arten, die es etwas ruhiger lieben. Bachforelle, Mühlkoppe, Elritze, Äsche und Nase schwimmen im Altefeldbach. Hinzukommt das Bachneunauge, ein Vertreter der mit den Knochenfischen nur weitläufig verwandten Rundmäuler. – Elritzen bilden die bevorzugte Nahrung des Eisvogels, dem man am Altefeldbach noch öfter begegnet. Mit gedankenschnellem Kopfsprung von seinem Ansitz aus erhascht das fliegende Juwel die Beute. Zur Anlage des Nestes graben Eisvogeleltern in der steilen Uferböschung eine Röhre, die am Ende kesselartig erweitert wird. Kotschlieren am Röhrenausgang verraten, ob die Brut erfolgreich war.

Die Fulda trennt den Vogelsberg von der Rhön. Auch die Wässer des Altefeldbaches landen irgendwann in diesem Fluss. Hier, so raunt man sich zu, soll es noch Europäische Sumpfschild-

Das Blutauge gehört zu den Fingerkräutern.

Östlich der Elbe und südlich der Alpen liegen die Verbreitungsschwerpunkte der Europäischen Sumpfschildkröte.

Der Schwarzhalstaucher ist die größte ornithologische Kostbarkeit der »Oberhessischen Seenplatte«.

kröten geben. Von zwei oder drei Tieren wird gemunkelt, ein anderes Mal ist von bis zu zehn Exemplaren die Rede. In der Breitecke, einem Fulda-Altarm zwischen Pfordt und Fraurombach, zeigt sich das seltene Reptil zuweilen. Ob die winzige Population nun aber den Rest eines bodenständigen Vorkommens darstellt oder ob die Tiere freigelassen wurden, darüber herrscht unter Experten keine Einigkeit. Sicher ist nur, dass die Panzerträger Mecklenburgs und Brandenburgs einwandfrei zur mitteleuropäischen Unterart gehören, während etwa der Bestand des Enkheimer Riedes bei Frankfurt auf Besatz durch Sumpfschildkröten aus dem Mittelmeerraum zurückgeht. Solange keine unanfechtbaren genetischen Beweise vorliegen, wird an der Fulda der Mythos von den letzten einheimischen Sumpfschildkröten Westdeutschlands fortbestehen.

Natürlich entstandene Stillgewässer wie Weiher und Seen fehlen dem Vogelsberg. Allerdings existieren seit über 400 Jahren Stauteiche mit regelbarem Ab- und Zufluss, die fischereiwirtschaftlich genutzt werden. Wegen ihrer überragenden Bedeutung als Biotope seltener Pflanzen, Brutgebiete bestandsgefährdeter Vogelarten und Rastplätze für Durchzügler stehen einige Teiche der »Oberhessischen Seenplatte« unter Naturschutz: Obermooser Teich, Rothenbachteich und Reichloser Teich. Sie liegen im Einzugsbereich von Kemmete und Lüder zwischen Grebenhain und Freiensteinau.

Besonders hervorzuheben ist eine allen Gewässern eigene Pflanzengesellschaft der Teichböden, die sich bei abgesunkenem Wasserstand auf dem entblößten Schlick einstellt. Sie umfasst Dreimännigen, Sechsmännigen und Wasserpfeffer-Tännel, Schlammling, Sumpfquendel, Eiköpfige und Zitzen-Sumpfbinse sowie Schlamm- und Zypergras-Segge. Zur ebenfalls unbeständigen Pioniervegetation der Teichränder zählen Nadelbinse, Strandling und Schild-Ehrenpreis. Zum Ufer hin schließen sich meist Teichschachtelhalmfluren, Röhrichte, Schwingrasen und – schon jenseits der Verlandungszone – Seggenrieder an. Die Röhrichte sind aus Teichbinse, Froschlöffel, Wasserfenchel, Strand-Ampfer sowie Rohrkolben-Arten zusammengesetzt; im Schwingrasen gedeiht die extrem seltene Faden-Segge. Blutauge, Sumpf-Veilchen, Fieberklee, Breitblättrige Fingerwurz, Sumpf-Sternmiere, Grau-Segge und Schmalblättriges Wollgras wurden in den landwärtigen Kleinseggenriedern nachgewiesen. Schließlich birgt auch die Schwimmblattvegetation der offenen Wasserflächen manche Rarität, den Sattellippigen Wasserschlauch zum Beispiel, den Haarblättrigen Wasserhahnenfuß oder das Stumpfblättrige Laichkraut.

Röhrichtgürtel und Verlandungszonen der Teiche sind das Brutrevier von Knäk-, Reiher- und Tafelente, von Zwerg- und Schwarzhalstaucher, von Wasser- und Tüpfelralle sowie von Kiebitz, Bekassine, Wiesen-Pieper und Viehstelze. Große Anziehungskraft üben die Wasserflächen, Schlammfluren und Rieder auf Vögel aus, die sich auf dem Weg in ihre Brut- beziehungsweise Überwinterungsgebiete befinden. Fast alle nordischen

Im diesigen Herbstlicht wirkt der Sonnenaufgang über dem Obermooser Teich besonders stimmungsvoll.

Seiner dreiteiligen Blätter wegen erhielt der Fieber-»Klee« den Namen; tatsächlich ist er ein entfernter Verwandter der Enziane (links).

Die Breitblättrige Fingerwurz in ungewöhnlicher Farbvariante (rechts).

Enten, darunter die attraktiven Säger-Arten, Regenpfeifer, Strand- und Wasserläufer hat man hier schon beobachtet, ferner Ausnahmeerscheinungen wie Seeadler, Schneeammer oder Zwergmöwe. Vor allem im Herbst sind regelmäßig jagende Fischadler zu sehen. Noch häufiger besuchen Kormorane, Graureiher und Schwarzstörche die Teiche.

Intakte limnische Biotope, also die Lebensräume der Binnengewässer, gehören neben Mooren und Trockenrasen zu den Habitaten mit dem bundesweit alarmierendsten Artenrückgang. Sie zu pflegen und zu bewahren muss daher vordringliche Aufgabe des Naturschutzes sein. Hoffen wir, dass dies auch im Falle der unersetzlichen Gewässer-Ökosysteme des östlichen Vogelsberges gelingt!

Am Rothenbachteich brüten und rasten viele Vögel.

Buchonia

Rhöner Impressionen (1): Von Stock und Stein

In der Rhön sind Natur- und Kulturlandschaft meist noch harmonisch miteinander verbunden – wie hier auf der Westseite des Pferdskopfes.

Mensch und Natur im Einklang. Wer hätte davon nicht schon geträumt? In der Rhön, dieser faszinierenden Mittelgebirgslandschaft im Schnittpunkt der Bundesländer Hessen, Bayern und Thüringen, ist aus Utopie ein Stückchen Wirklichkeit geworden!

Landauf, landab geht es den Kleinlandwirten an den Kragen. Ihre Betriebe sind veraltet, es fehlt an Geld, die junge Generation mag nicht mehr. Die EU-Agrarpolitik legt den Bauern Daumenschrauben an. Einige nehmen Kredite auf, um ihren Maschinenpark zu modernisieren, sperren

das Vieh ganzjährig in Hightech-Ställe oder rüsten mit Tonnen von Kunstdünger, Herbiziden und Kraftfutter zur »Produktionsschlacht«. Viele Rhöner Bauern und Schäfer jedoch wollen dabei nicht länger mitmachen. Sie suchten nach Wegen, umweltschonend zu wirtschaften, Schönheit und Vielfalt ihrer Heimat zu erhalten und sich selbst ein gutes Auskommen zu schaffen. »Qualität« heißt ihre Waffe im bäuerlichen Verdrängungswettbewerb – naturverträgliche Produktion und Vermarktung der Ware im Netzwerk mit Gastronomen, Metzgern und Bäckern. Im Länder übergreifenden Biosphärenreservat Rhön können sie das, nachdem die Politik 1994 hierfür die Weichen stellte. Der regionale Rahmenplan sichert in fünf Zonen sowohl den Bestand des natürlichen Erbes als auch dessen pflegende Entwicklung und die sozial verträgliche Einbindung des Menschen. Kulturlandschaft aus Bauernhand gilt es zu bewahren: Wogende Getreidefelder, wo die Wachtel schlägt und Blumen prangen; Weiden, über die der Schäfer geht; Hecken, in denen sich Igel verstecken können und der Grau-Würger seine Jungen aufzieht; Steinwälle, die die Bergeidechse verbergen; Wiesen, über denen der Rot-Milan seine Kreise zieht, wo die Wildtulpe Besucher von weit her anlockt und der Kiebitz brütet; fachwerkbunte Dörfer, in denen Rauchschwalben zwitschern, die Schleiereule nachts auf leisen Schwingen nach Beute späht und Fledermäuse ihre Runden drehen… Wer nicht in Jugenderinnerungen schwelgen will, muss das Biosphärenkonzept unterstützen, indem er in den Bio- und Naturkostläden oder in den Hofläden der Region einkauft, bei Gastwirten, die sich dem Projekt angeschlossen haben, einkehrt oder sich bei Bauern einquartiert. Adressen findet man im Internet (http://www.rhoen.net) oder erhält sie bei den Infozentren der Bundesländer (Hessen: Groenhoff-Haus, Wasserkuppe).

Altes Agrarland ist die Rhön, aber sie hat auch ein anderes, wildes Gesicht. In den Kernzonen des Biosphärenreservats wächst auf Flächen, die naturnah geblieben waren, der Urwald von morgen heran und da, wo Blockmeere sich Bahn brachen, weht heute schon ein Hauch von Wildnis. »Basaltene Bergeshöh'n«, wie sie das Rhön-Lied besingt, sind für dieses Mittelgebirge typisch. Immer wieder quollen im Tertiär durch Risse in der Erdkruste Gesteinsschmelzen auf und speis-

Die Buntsandsteinschwellen der »Kaskadenschlucht« sind für den Feld-Bach kein Hindernis.

ten Vulkane. Zu Basalt oder Phonolith erstarrt, gossen sie markante Kegel, die an der Wasserkuppe, Hessens höchstem Berg, auf 950 Meter ansteigen. Zwischen Eiterfeld und Hünfeld spricht man sogar bildhaft vom »Hessischen Kegelspiel«. Nur in der vom Vulkanismus verschonten Südrhön liegt die triassische Buntsandsteintafel, der auch die Kuppen der nördlichen Landschaftsteile aufsitzen, offen. Bei einer Wanderung vom Roten Moor dem Feld-Bach entlang nach Sandberg lässt sich allerdings auch im Norden das Übereinander der Gesteine erkennen. Während der Bach an seinem Oberlauf den harten Basalt nur unwesentlich anschneiden konnte, hat er weiter unten dem Sandstein kräftig zugesetzt und sich Treppen geschaffen, über die das Wasser in Kaskaden zu Tal schießt.

Örtlich blieben magmatische Gangfüllungen als gewaltige Felsmauern stehen. Südlich von Wolferts ragt eine Wand aus Phonolith 25 Meter in die Senkrechte. Viele Freizeitsportler gehen hier auf Klettertour. An der Milseburg nahe Kleinsassen oder am Schafstein bei Wüstensachsen sind die großen, geschlossenen Vulkanitdecken zu eindrucksvollen Blockmeeren zerfallen. Sie zerbars-

Über das große Blockmeer am Schafstein schweift das Auge zur entfernten Milseburg.

Schwarzspecht an seiner Bruthöhle.

ten, als darunter liegende Ton-, Mergel- oder Tuffschichten verwitterten und fortgespült wurden. Die Blockmeere weisen eine bemerkenswerte Moos- und Flechtenflora auf; unter anderem wächst dort das rare Geldbeutelmoos. Nur wenige andere Pflanzen finden an dem rauen und nährstoffarmen, ständig von Rutschungen bedrohten Untergrund Gefallen. Vereinzelt suchen Mehl- oder Elsbeerbüsche in Spalten Halt und sporadisch haben sich Hinfälliger Wurmfarn, Pechnelke, Pfingst-Nelke und Teufelsklaue angesiedelt. Auf Felsbändern und in Rissen der Milseburgabstürze fanden Botaniker außerdem Nelken-Leimkraut, Ausdauerndes Knäuel, Sand-Thymian, Schnitt-Lauch, Blasses Habichtskraut und den extrem seltenen Spreuschuppigen Wimperfarn.

Wo der Blockstrom zur Ruhe gekommen ist, aber auch an den »Gestaden« der steinernen Meere sind Blockschuttwälder entstanden. Das schwierige Terrain behinderte forstliche Nutzung und so erblickt man an solchen Stellen (etwa am »Kesselrain« im Quellgebiet der Ulster) Waldbilder, die dem Ideal von urwüchsiger Natur recht nahe kommen. Berg- und Spitz-Ahorn, Sommer- und Winter-Linde, Vogelkirsche, Esche und Berg-Ulme beherrschen die Szene, während man die Buche im Blockwald meist vergebens sucht. Unsere häufigste Laubbaumart drückt indes anderen naturnahen Waldgesellschaften des Biosphärenreservats den Stempel auf: Über Buntsandstein ist bodensaurer Hainsimsen-Buchenwald ausgeprägt, über Muschelkalk der Platterbsen-Buchenwald, über Basalt der Zahnwurz-Buchenwald. Ganz verschieden präsentiert sich demzufolge die Begleitflora. So entdecken wir im Kalk-Buchenwald zum Beispiel Orchideen wie den Frauenschuh, das Leberblümchen, die Grüne Nieswurz oder die Frühlings-Platterbse, im Basalt-Buchenwald unter anderen den Hellvioletten Milchlattich, den Glanz-Kerbel, die Zwiebeltragende Zahnwurz

und den Platanenblättrigen Hahnenfuß. An Waldrändern der Milseburg wächst die in Hessen gefährdete Perücken-Flockenblume.

Naturnahe Wälder beherbergen zahlreiche selten gewordene oder gar vom Aussterben bedrohte Vertreter der einheimischen Fauna. In den vom Schwarzspecht gezimmerten Höhlen finden Siebenschläfer und Abendsegler Unterschlupf, die Hohltaube nistet dort und der Raufußkauz. Wo Wald und Fels einander berühren, jagt der Uhu. Weiträumige, über ganze Gebirgszüge vernetzte Altholzbestände mit hohem Nadelwaldanteil bevorzugt der Sperlingskauz, die kleinste europäische Eule. An Bächen und Tümpeln in sumpfigen Waldungen schreitet der Schwarzstorch zur Nahrungssuche. Dabei mag er wohl gelegentlich auch eine Schwarzspitzmaus (»Alpen-Spitzmaus«) vertilgen, eine montan bis alpin verbreitete Art, die auf deutschem Boden kaum mehr vorkommt. Ihr Biotop sind Pestwurzfluren im Hainmieren-Erlenwald. Eine weitere Rarität ist die Rhön-Quellschnecke. Sie lebt unter Steinen am Ursprung von Bergbächen.

Buchonia hieß die Rhön im Mittelalter. Die meisten übersetzen das mit »Buchenland«, wenngleich auch eine Deutung als »Buckelland« möglich wäre. Ob Stock oder Stein, beide Ableitungen beschreiben den ursprünglichen Charakter des Waldgebirges zutreffend. Zur Ur-Natur der Rhön aber gehörten außerdem Moore. Sie und das vom Menschen geschaffene Offenland wollen wir im folgenden Kapitel vorstellen.

Ein Sperberweibchen atzt den Nachwuchs.

Wo Bayern und Hessen sich in der Rhön berühren, gibt es vielfältige Übergänge vom Wald zum Offenland.

Land der offenen Fernen

Rhöner Impressionen (2): Moore, Wiesen und Triften

Von Natur aus waldfrei waren in der Rhön nur die Moore. Während das in Bayern gelegene Schwarze Moor noch recht gut dem ursprünglichen Bild eines Hochmoores entspricht, haben die hessischen Vertreter, das Große Moor bei Großenmoor und das Rote Moor nordöstlich von Gersfeld, manche Veränderung erfahren.

Bis 1984 wurde im Roten Moor Torf für die hessischen Staatsbäder gestochen. Seither versucht man, das Moor aufwändig zu renaturieren. Erste Erfolge sind bereits sichtbar. In den rückgestauten Bereichen beginnt wieder Torfmoos zu wachsen. Für die Entstehung eines Hochmoores ist es unerlässlich. Sein Wachstum wölbt den Moorkörper mit der Zeit uhrglasförmig auf. Oberflächenwasser muss dann abfließen und hinterlässt einen Grund, den man betreten könnte, ohne nasse Füße zu bekommen. Lediglich im Zentrum des kissenartigen Buckels, wo das Wasser der Niederschläge nicht so leicht abläuft, sammelt sich der Regen in seichten Dellen, den so genannten »Schlenken«. Eine mehr oder minder vernässte Randniederung umgibt das Hochmoor.

Unausweichlich entwickelt sich jedes Hochmoor zum Moorwald, wenn die zentralen Bereiche trocken genug sind, um Birken oder Kiefern am Leben zu erhalten. Im Roten Moor war die natürliche Sukzession zum Wald weit fortgeschritten. Hier haben sich ansehnliche Bestände der

Vom Weidegang geprägt – der Gipfel der Wasserkuppe.

Rautenblättrigen Birke (»Karpaten-Birke«), einer nahen Verwandten der Moor-Birke, gebildet. Der in Deutschland einmalige Karpatenbirkenwald und das Moor sind durch einen Bohlenweg, der auch an einem Aussichtsturm vorbeiführt, erschlossen. Schautafeln informieren über die typische Moorflora.

Moorpflanzen – mit Ausnahme der Bäume – leben buchstäblich von der Luft, denn wegen des extrem nährstoffarmen Milieus sind sie auf organische und mineralische Partikel angewiesen, die der Wind herbeiführt. Zudem profitieren etwa Torfmoose und Erikazeen von ihrer »Wohngemeinschaft« mit symbiontischen Pilzen. Deren Aufgabe besteht darin, Nährstoffe chemisch aufzuschließen – sie ihren Partnern also »mundgerecht« zu machen. Der Rundblättrige Sonnentau wiederum fängt mittels klebriger Tröpfchen, die er an seinen Blatt-Tentakeln ausscheidet, Insekten.

Nährstoffarmut, hoher Säuregehalt des Bodens und das raue Klima der Hochrhön begrenzen die Artenvielfalt der Moorpflanzen. Das trockene Moorkissen besiedeln lediglich Rauschbeere, Krähenbeere und Besenheide, im Nassen behaupten sich Scheidiges Wollgras, Moosbeere, Sonnentau und Rosmaringränke. Überraschend vielfältig ist dagegen das Insektenleben. Zahlreiche kältebedürftige Arten wie Torf-Mosaikjungfer, Speer-Azurjungfer, Nordische Smaragdlibelle oder Trauermantel kommen vor, daneben solche, deren Larven beziehungsweise Raupen sich von Moorpflanzen ernähren, zum Beispiel Moorwaldheiden-Blättereule, Schwarzblauer Moorbläuling und Moosbeeren-Perlmutterfalter. Der Hochmoor-Gelbling allerdings ist mittlerweile in Hessen ausgestorben.

Zwei Tierarten, Kreuzotter und Birkhuhn, die mit dem Nimbus Moor so eng verbunden sind wie wallender Nebel und Spukgestalten, haben in der hessischen Rhön nur noch eine geringe Überlebenschance. Beiden ist dieselbe Entwicklung zum Verhängnis geworden – Zerstörung geeigneter Habitate einerseits, Anschwellen der Touristenströme andererseits. Die Zunahme natürlicher Feinde und eine Folge nasserer Frühjahre sind weitere Faktoren. Vor allem um dem Birkwild zu helfen, dessen Bestand rhönweit in dreißig Jahren drastisch von 600 auf zirka 30 Individuen fiel, wurden strenge Wegegebote und ein Halteverbot

Zwei typische Moorpflanzen: Rundblättriger Sonnentau und Moosbeere.

Noch balzt der Birkhahn in der Rhön.

»Butterkugel« nennt der Volksmund die schmucke Trollblume.

auf der Hochrhönstraße verfügt. Darüber hinaus hat man Maßnahmen ergriffen, die den Lebensraum der Hühner wieder optimaler gestalten sollen. Ob aber die schwarzen »Spielhähne« auch in Zukunft noch ihren Balztanz, das von Kollern und Zischen begleitete Paradieren und Anspringen, werden aufführen können, steht in den Sternen.

Mag die Rhön auch für ihre urtümlichen Moore, Blockhalden und Wälder berühmt sein, die stärksten Reize, die vom Land der offenen Fernen ausgehen, sind Menschenwerk. Bauern und Hirten haben sie geschaffen – schier endlose Wiesen, Hutungen und Schaftriften. Nur schwer findet das Auge hier Halt, an einer der Steinmauern vielleicht, die Hitlers Reichsarbeitsdienst errichtete, oder an einer jener vom Sturm gekämmten Solitärbuchen, den Zeugen einer Zeit, als Wanderherden der schwarzköpfigen Rhönschafe das Grasland zu tausenden beweideten.

Schon einem Laien wird auffallen, dass die »Kultursteppen« einander nicht gleichen. Differierende Wuchshöhen der Gräser und die Farbnuancen des Blütenflors geben erste Hinweise auf unterschiedliche Bodengüte und Nutzungsverhältnisse. Im mageren Enzian-Schillergrasrasen kalkreicher Standorte wächst ein Wahrzeichen der Rhön – die Silberdistel. Ihre Blütenböden verfütterte man früher an Schweine, darum heißt sie auch Eberwurz. Dem Wanderer zeigt die Pflanze einen bevorstehenden Wetterumschwung an: Wenn vor Gewittern die Luftfeuchte

Als Wetterprophetin geschätzt – die Silberdistel.

Das Rote Moor ist von dichten Beständen der Rautenblättrigen Birke umzingelt.

zunimmt, reagieren die silberweißen Zungenblüten hygroskopisch, das heißt sie krümmen sich infolge Quellung und schließen den Blütenkorb. Mit der Silberdistel vergesellschaftet finden wir Pyramiden-Schillergras, Weichhaarigen Frauenmantel, Mücken-Händelwurz, Stattliches Knabenkraut, Fliegen-Ragwurz, Kranzenzian, Kuhschelle und Katzenpfötchen. Die Borstgras-Bergheiden über saurem Basalt sind dagegen äußerst nährstoff- und artenarm. Borstgras, Drahtschmiele, Heide-Labkraut, Heidel- und Preiselbeere sowie die Besenheide prägen die Vegetation. Im Kreuzblumen-Borstgrasrasen frischer Standorte wiederum blühen Türkenbund, Wiesenknopf, Nordisches Labkraut, Färberscharte und Berg-Flockenblume. Auf feuchtem Untergrund treten Kleinseggen, Trollblume, Waldmoor-Läusekraut, Gefleckte und Breitblättrige Fingerwurz, Moor-Klee und Teufelsabbiss an ihre Stelle. Einen besonders ausgefallenen Standort hat sich der Drüsige Mauerpfeffer ausgesucht. Die sehr seltene Art besiedelt nackte, vom Vieh ausgetretene Störstellen an Bachufern.

Bereits leichte Düngergaben verwandeln alle Weiderasen in mähfähige Goldhaferwiesen. Die Blütenpracht dieser Wiesen entzückt immer wieder aufs Neue. Unter anderen bringen Arnika, Kugelige Teufelskralle, Wiesen-Margerite, Tauben-Skabiose, Wald-Storchschnabel und Schlangen-Knöterich Farbe ins Spiel. Wird noch stärker gedüngt, ist es mit der Herrlichkeit vorbei. Wiesen-Löwenzahn und andere Allerweltsarten machen sich breit. Eine Pflanze, die ihren Dünger selbst produziert und somit die Lebensbedingungen der bunten »Hungerkünstler« stark eingeschränkt hat, kam aus Nordamerika in die Rhön: Die Vielblättrige Lupine vermag dank ihrer Knöllchenbakterien Luftstickstoff zu binden und im Boden anzureichern. Während sich die Lupine nun rasant vermehrt, weichen die einheimischen Arten des Weide- und Grünlandes immer weiter zurück. Nun will man versuchen der Lupine Herr zu werden. Nicht nur seltenen Pflanzengesellschaften wäre damit geholfen, auch die Tiere des Offenlandes würden vom Erfolg der Bekämpfung profitieren. Dem Wachtelkönig etwa käme das zugute, dem Wiesen-Pieper, dem Braunkehlchen, der Viehstelze oder Schmetterlingen wie dem Violetten Feuerfalter und dem Randring-Perlmutterfalter.

Das Bemühen um den Fortbestand all jener Arten fügt sich ein in die große Vision des verträglichen Miteinander von Mensch und Natur, des Weiterführens von Traditionen und des Modells einer umweltbewussten Wirtschaft. Diese Quadratur des Kreises scheint im Biosphärenreservat Rhön zu gelingen.

Extensiv genutzte Wiesen und Viehweiden sind die bevorzugten Lebensräume des Braunkehlchens.

Die Wildtulpe wächst in der Rhön normalerweise in frischen Wiesen; sie kann aber auch Ackerbrachen oder sogar Wegböschungen besiedeln.

Im Wald der Kaiser und Könige
Der hessische Spessart

Spehteshart – Spechtswald – nennen Handschriften aus dem 9. Jahrhundert den karolingischen Königsforst zwischen Aschaffenburg und Lohr. Im 10. Jahrhundert, als der Wald an das Erzbistum Mainz kam, verwandelte sich sein Name zu Speshart. Den deutschen Kaisern, allen voran Friedrich I. Barbarossa, war der Spessart bevorzugtes Jagdgebiet. Auch als aus Jagdfrondörfern Rodungsdörfer und schließlich moderne Siedlungen entstanden, veränderte sich das Landschaftsbild nur in Details: Ein Waldland ist der Spessart geblieben. Stets schwingt bei den gängigen Vorstellungen ein Hauch von Spuk- oder Räuberromantik mit. Die schaurigen Erzählungen Wilhelm Hauffs haben da Pate gestanden und mehr noch die Genrefilme der 1960er Jahre.

Über Kaminen und in Wirtsstuben häufiger als in der Natur – der Auerhahn.

Fast immer meint, wer gemütvoll unverfälschte Waldnatur und das Idyll heimeliger Mittelgebirgslandschaft zitiert, den bayerischen Spessart. Der hessische Norden, umflossen von Kinzig und Sinn, gilt Romantikern als fichtendüsterer Appendix des Hochspessarts – kühl und abweisend. Natürlich sind das Klischees, doch enthalten sie ein Körnchen Wahrheit. Unbestritten ist der Nadelholzanteil des Nordspessarts – als Folge früheren Raubbaus am urwüchsigen Wald – hoch. Vielerorts wurden die Laubholzbestände zur Gewinnung von Holzkohle und Pottasche für den Betrieb von Glashütten geplündert. Zechen deckten hier ihren Bedarf an Grubenholz. Und an den Solequellen im Orbtal benötigte man neben Holz zum Sieden von Speise- oder Düngesalz Reisig für die Gradierwerke. Um den verheerenden Kahlschlag zu stoppen, pflanzten Förster rasch nachwachsende Fichten, aber auch Kiefern und Lärchen. Außerdem sollten Nadelhölzer auf den durch Düngerproduktion (Laubäschern) und Stallstreu-Rechen humusarmen Böden die Voraussetzung zur Wiedereinbringung von Laubbäumen schaffen.

Ausgerechnet im Nadelwald, in Kiefern-Altholzbeständen mit reichem Heidelbeer-Unterwuchs, haben sich, wenn auch in verschwindender Zahl, Hessens letzte Auerhühner behauptet. Ihr Rückzugsgebiet wird streng geheim gehalten und so dürfte Zufall im Spiel sein, wenn ein nicht Ortskundiger das unverkennbare Schnabelklappern, Schlucken und Wetzen, die typischen Balzlaute des urigen Wildes, vernimmt. Auch Vögeln, die es vorher nicht im Spessart gab, sagten die Nadelforste zu. Tannenhäher und Raufußkauz zum Beispiel fanden in den Fichtenpflanzungen neuen Lebensraum.

Unter aktiver Mithilfe des Menschen ist hingegen ein »Altbürger« des Spessarts nach Hessen heimgekehrt. Mehr als 100 Biber leben hier inzwischen, nachdem Ende der 1980er Jahre an Sinn und Jossa achtzehn Tiere in die freie Wildbahn entlassen wurden. Die Anwesenheit von Bibern verraten die im charakteristischen Doppelkegelschnitt gefällten Bäume, die kunstvoll durch Knüppeldämme aufgestauten Bäche sowie die mit abgebissenen Zweigen überdachten unterirdischen Wohnbaue. Besonders gut sind solche »Bur-

Im »Westerngrund von Neuengronau und Breunings«.

Von der zahlreich blühenden Zypressen-Wolfsmilch hebt sich das Stattliche Knabenkraut besonders gut ab (rechts).

Fritillaria meleagris lautet der wissenschaftliche Name der Schachblume: von *fritillus* (Würfelbecher) für die Form und *meleagris* (Perlhuhn) für die Zeichnung der Blüte (links).

gen« im Willingsgrundweiher unweit der Ziegelhütte bei Breunings, wo man auch einen Biber-Lehrpfad ausgeschildert hat, und am unteren Westernbach nahe Neuengronau zu sehen.
Als Landschaftsarchitekt, der Lebensräume seinen Bedürfnissen gemäß gestaltet, indem er etwa durch Anlage von Staugewässern die Ansiedlung der von ihm als Nahrung geschätzten Weichhölzer fördert, ist uns der Biber fast ebenbürtig. Dass aber auch der Mensch das Wasser in zäher Handarbeit und zu seinem Wohle zu bändigen verstand, unterstreicht im Spessart ein halb vergessenes Landnutzungssystem – die Wässerwiese. Hierbei versah man Bäche oder Flüsse mit Wehren, von denen Überlaufgräben ins Grünland abzweigten. Ein besonders ausgeklügeltes Bewäs-

Biberburg am Westernbach bei Neuengronau

Früher stand es in fast jeder Wiese, jetzt ist das Salep-Knabenkraut zur Rarität geworden (links).

Der Pyramiden- oder Kammständel gehört zu den Ausnahmeerscheinungen der hessischen Flora (rechts).

serungsmodell, das sich noch heute im malerischen Jossatal (Naturschutzgebiet »Müsbrücke-Speckesteg«) zwischen Marjoß und Jossa optisch nachvollziehen lässt, stellen die Rückenwiesen dar: Die beim Ausheben der Flutgräben anfallende Erde wurde zu dachartigen Rücken aufgesetzt. Am First dieser lang gestreckten Buckel zog man Rinnen, die den Wasserüberschuss über die Traufen der Böschung zu Entwässerungsgräben leiteten. Der Aufwand lohnte sich, denn Wässern verbessert das Wachstum der Wiesenpflanzen. Das im Vergleich zum Erdreich wärmere Wasser sorgt im Frühjahr für den nötigen Schub und es führt zudem organische und mineralische Nährstoffe mit, die den Boden düngen. Die für Mitteleuropa einzigartigen Massenvorkommen der apart gesprenkelten Schachblume im hessisch-bayerischen Sinntal um Altengronau verdanken ihre Existenz hauptsächlich dieser Form der Wiesennutzung. Heute sind fast alle Rückenwiesen geschleift und die Schachblume ist in ihrem Fortbestand allein auf das alljährliche Sinnhochwasser angewiesen.

Im Spessart wächst manch seltene Pflanze. Die Schachblume ist nur eine davon. Nennen muss man auf jeden Fall noch die Heide-Wicke, die in der Gegend um Bad Orb vorkommt, und die Ästige Mondraute, einen Traubenfarn, der 30 Jahre verschollen war, ehe man ihn am Stackenberg im Joßgrund für Hessen wieder entdeckte. Die meisten Pflanzenfreunde zieht es freilich wegen der Orchideen in den Spessart. Der Weiperzberg zwischen Weiperz und Breunings gilt als feinste Adresse. 21 Arten hat man dort registriert, im extensiv bewirtschafteten Grünland zum Beispiel Salep- und Stattliches Knabenkraut, in den Trockenrasen Hohlzunge, Bienen- und Fliegen-Ragwurz und im Orchideen-Buchenwald stehen Purpur-Knabenkraut, Frauenschuh, Cremeweißes, Schwertblättriges und Rotes Waldvöglein sowie Sichelblättrige, Breitblättrige, Kleinblättrige und Spitzlippige Ständelwurz.

Von exponierter Warte inspiziert ein Graureiher die unter ihm fließende Jossa.

Schachblumenwiese im Sinntal. Der Löwenzahn am Rand zeigt überhöhte Stickstoffwerte an.

Dass gerade hier so viele dieser botanischen Ikonen heimisch sind, hat einen simplen Grund: Kalk. Für eine ganze Reihe von Orchideen, die ja überwiegend aus den Karstgebieten des Mittelmeerraumes nach Norden vorstießen, ist ein Kalksubstrat schlicht lebensnotwendig. Der Kalkstein – er steht er auch am Waizenberg bei Bellings (Wuchsort des in Hessen nur sporadisch verbreiteten Pyramidenständels) und im Weinberg von Neuengronau an – bildete sich in Verdunstungstaschen des Muschelkalkmeeres, das in der Mittleren Trias die osthessische Buntsandsteintafel teilweise überflutete. Auch Zechsteinformationen unterbrechen das Bundsandstein-Einerlei des Spessarts an wenigen Stellen. Über einem Konglomerat aus Geröllen, Kies und Sand kam im Perm-Zeitalter silber-, blei- und kupferführender Schlick zur Ablagerung, den der Mensch – etwa im Lochborn bei Bieber – bergmännisch zu nutzen suchte. Die oberste Lage der Schlickpackung enthielt organische Substanzen und ist magnesiumhaltig; sie wird als Zechsteindolomit bezeichnet.

Als Stauweiher für den Zechen- und Hüttenbetrieb im Tal der Bieber haben Bergleute die Wiesbütte angelegt. Der Teich empfängt sein Wasser aus einer zirka 1 km langen Vermoorung, die sich südöstlich anschließt. Dieses Wiesbüttmoor ist eines der wenigen erhaltenen Quellmoore Hessens. Bei (oft nur schwach) geneigtem Relief können sie sich bilden, wenn der Boden ständig von Quell- oder Oberflächenwasser durchsickert und durchtränkt wird. Dem Sonderstandort entsprechend gibt es im Wiesbüttmoor Pflanzen, die anderswo im Spessart nicht gedeihen, so das Scheidige Wollgras, die Sparrige Binse, der Rundblättrige Sonnentau und das Weiße Schnabelried. Nicht nur wegen seiner Vegetation ist das Moor schützenswert, es hat sich auch – dank der mittels Pollenanalyse aus Bohrkernen gewonnenen Daten – als unschätzbares Archiv für die Wald- und Siedlungsgeschichte des Spessarts entpuppt.

Jägern sei es ins Stammbuch geschrieben: Für jeden Fuchs, den sie schießen, rückt ein reviersuchender Artgenosse aus der Nachbarschaft nach!

Flachmoore sind in Hessen selten. Das Wiesbüttmoor ist darum eine große Kostbarkeit.

Rhein-Main-Tiefland

Sonnenaufgang über der Wetterau.

Unter dem »Tintenfass«
Die Wetterau

Hinter den Münzenberger Salzwiesen erhebt sich die Münzenburg.

Lästermäuler haben sie »Tintenfass« getauft, wegen ihrer zwei Turmstümpfe, deren unverwechselbare Silhouette eine weithin sichtbare Landmarke setzt. Ein bisschen mehr Respekt hätte die Münzenburg freilich verdient, denn das Wahrzeichen der Wetterau ist die bedeutendste aus dem hohen Mittelalter erhaltene Burganlage Deutschlands, unberührter als die Wartburg und ihr künstlerisch mindestens ebenbürtig. Ob Kuno von Münzenberg, der die Burg 1156 bezog, wohl auch den Ausblick genoss, den man heute vom Gemäuer der Ruine hat? Über die weite Ebene, über Dörfer und Städtchen wandert das Auge vom Dünsberg im Gladenbacher Bergland zum Taunuskamm, zum Büdinger Wald und zum Vogelsberg.

Münzenberg liegt auf einem Basaltrücken, der das flachwellige Relief der Wetterau in Nord-Süd-Richtung teilt und die Wasserscheide von Wetter und Horloff bildet. In alter Zeit, weiß ein Märchen, war die Wetterau öde und trocken. In den nahen Taunusbergen hingegen sprudelten die Quellen und unter den schattigen Kronen der Waldbäume sprangen viele Bächlein. Dort trieb damals ein wilder »Forellen-Bock« sein Unwesen. Alles, was ihm in die Quere kam, zerstörte er mutwillig. Der örtlichen Fee wurde das bald zu bunt. Darum legte sie den Rüpel an eine Kette. Die Chimäre aber sprengte ihre Fessel, gebärdete sich ungestümer denn je und stürzte sich schließlich nahe Münzenberg in einen See, den sie übel zurichtete.

Das Ufer barst und der See ergoss sich in die Spur, die der Hals über Kopf flüchtende Forellen-Bock mit seiner Kette gepflügt hatte. »Alle Wetter!«, rief der Münzenberger Nachtwächter, als er am Morgen die Bescherung sah. Und so hieß fortan der silbrige Bach, der der Wetterau den Namen gab.

Tatsächlich leitet sich »Wetter« von der indogermanischen Wurzel *uédor* (= Wasser) ab und Wasser ist es auch, das zur Entstehung eines besonderen Schatzes der Wetterau beitrug. Zu Füßen der Münzenburg nämlich, zwischen Münzenberg, Oberhögern und Eberstadt, erstrecken sich einzigartige natürliche Salzwiesen. Salzhaltige Tiefenwässer steigen hier im Bereich junger tektonischer Störungen auf und speisen Solequellen, in deren Nachbarschaft sich Pflanzen eingefunden haben, die man an der Küste vermuten würde, niemals jedoch im Binnenland. Zierliches Tausendguldenkraut, Milchkraut, Salz- und Kröten-Binse, Salz-Schuppenmiere, Salz- und Strand-Wegerich, Entferntährige Segge, Salz-Hornklee, Graue Seebinse, Meerbinse, Himbeer-Klee, Schuppiger Krähenfuß, Salz-Dreizack und Rauhaariger Hahnenfuß sind botanische Kostbarkeiten, um deren Fortbestand Naturschützer bangen. Drainage, Absinken des Grundwasserspiegels als Folge verschwenderischer Wasserentnahme und unbedachter wasserbaulicher Maßnahmen, Verfüllen von Salzquellen sowie Überdüngung durch weidendes Vieh stellen die wesentlichen Bedrohungen dar. Erste Einbußen haben die Halophytenfluren bereits hinnehmen müssen. Queller, Salz-Aster, Salz-Hasenohr und Salz-Teichfaden verschwanden aus der Wetterau und der Wilde Sellerie wächst nur noch in wenigen Exemplaren im Kurpark von Bad Salzhausen. Etwas häufiger ist ein Verwandter, der Knotenblütige Sellerie, im Naturschutzgebiet »Ludwigsquelle« bei Okarben, wo die Pflanze im klaren Wasser der Wiesengräben üppig gedeiht.

Ungeklärt ist noch immer die Herkunft der an Natrium, Kalium, Calcium und Chlor reichen Sole. Am plausibelsten erscheint jene Theorie, die ihren Ursprung an den Südostrand des Vogelsberges um Neuhof verlegt, wo sich große Salzlager aus der Zechsteinzeit befinden. Das vom Grundwasser gelöste Salz kann durch die Klüfte der Rheinischen und der Saale-Saar-Senkung nach

Der Name Küchenschelle ist eine sprachliche Verschleifung von »Kühchenschelle«; die Bezeichnung Kuhschelle wäre daher eigentlich angemessener.

Dem Rebhuhn machen die Ausräumung unserer Feldflur und der Biozideinsatz zu schaffen.

Westen abfließen. Trifft nun der Solestrom auf eine quer verlaufende Störung, wird er kraft seines sich entspannenden Kohlensäureanteils – wie Champagner in einer entkorkten Flasche – emporgerissen. Die Kurbetriebe von Bad Nauheim über Bad Homburg und Bad Soden bis Wiesbaden, die exakt an den Verwerfungen der westwärts zum Rhein hin streichenden »Mineralwasserleitung« liegen, verdanken diesem artesischen Effekt ihre Entwicklung.

Zechsteinsedimente des Oberen Perm sind auch in der Wetterau selbst anzutreffen. Mit den älteren Schichten des »Rotliegenden« (so genannt nach der roten, auf große Hitze und Trockenheit zurückgeführten Färbung seiner Ablagerungen) decken sie hier das paläozoische Grundgebirge. Die aus Sicht des nach Siedlungsraum und wirtschaftlich nutzbaren Flächen strebenden Menschen wichtigsten geologischen Formationen wurden allerdings in jüngerer Zeit gebildet. Insbesondere ihre fruchtbare Lößauflage machte die Wetterau schon früh für bäuerliche Gemeinschaften interessant. Den kalkhaltigen Gesteinsstaub hatte der Wind während der Eiszeiten in den

In Sand- und Kiesgruben fühlt sich die Wechselkröte am wohlsten.

Kältesteppen zwischen Mittelhessischer Senke und Oberrheingraben zusammengefegt; er verwittert relativ rasch zu Lösslehm. Durch Erosion freigelegte tertiäre Basalte, Kalke und Sandsteine überragen die Lössdecke nur an wenigen Stellen. Einer dieser Orte ist, wie schon gesagt, der Münzenberger Rücken. Umgeben von Obstwiesen und Intensivgrünland blieben im Bereich des Flurstückes »In der Metz« westlich Münzenbergs wertvolle Basalt- und Kalk-Magerrasen erhalten, die seltenen Pflanzen und Tieren Lebensraum bieten und daher heute Naturschutz genießen. Im zeitigen Frühjahr blühen dort hunderte der blauvioletten Kuhschellen. Auch Ästige Graslilie, Berg-Klee, Sonnenröschen, Knäuel-Glockenblume, Karthäuser-Nelke, Hügel-Meister, Thymian-Seide, Fransenenzian und Berg-Aster verdienen es, hervorgehoben zu werden.

Zwischen Rockenberg und Gambach stößt man auf tertiäre Sande, durch die sich ein Schwerspatgang zieht. In den Sandgruben, die nur mit Erlaubnis der Betreiber betreten werden dürfen, finden Hobby-Geologen gelegentlich blättrig verbackene »Rosen« aus Sandkörnern und dem Bindemittel Baryt. Sie sind durch parallele oder fächerartige Verwachsung tafeliger Kristalle infolge oberflächennaher Ausscheidung des im Boden ausgelaugten Bindemittels entstanden. Die von Eisen ockergelb und rot gefärbten Steilstufen eines ehemaligen, jetzt naturgeschützten Abbaues nördlich der Rockenberger Strafvollzugsanstalt haben wohl zu der Bezeichnung »Hölle« Anlass gegeben. Man fühlt sich freilich eher an den nordamerikanischen Südwesten erinnert – an ein Colorado im Westentaschenformat. Offene Sandflächen und Steilwände, dazu ein vielseitiges Angebot blühender Pflanzen und der volle Sonnengenuss, machen die »Hölle« zum idealen Lebensraum verschiedener Hautflügler. Die herrlich grün und rot schillernde Sand-Goldwespe gehört ebenso dazu wie eine Reihe von Mauer-, Sand- und Seidenbienen. Die Goldwespe schmuggelt ihre Eier in die Nester der Sandknotenwespe, wo sich die Larven an der Beute laben, die der Wirt für seine Brut einträgt. Auch den Honigbienen jagenden Bienenwolf, eine Grabwespe, kann man beobachten. Vielleicht die seltsamste Ausgeburt der »Hölle« ist die mit den Rollwespen verwandte Trugameise. Die Weibchen dieser Art haben keine Flügel und ähneln Ameisen. Von den geflügelten Männchen werden sie ergriffen und zur Paarung verschleppt. – Wohl niemand rechnet an einem so trockenen Ort mit Amphibien, und dennoch kommen hier zwei Froschlurche vor, denen Sandgebiete besonders zusagen: Kreuzkröte und Wechselkröte. Immerhin – ein Laichgewässer, und sei es ein kleiner warmer Tümpel, brauchen auch sie. Flink wie Mäuse können Kreuzkröten rennen, was man erst glaubt, wenn man es selbst gesehen hat. Die Wechselkröte lebt im Gebiet an der Westgrenze ihrer Gesamtverbreitung; sie ist in Hessen hochgradig gefährdet.

Erst im September blüht die Herbst-Wendelähre.

Die »Hölle« von Rockenberg.

Am Westrand der Wetterau steht seit einigen Jahren ein Stück Kulturlandschaft unter Schutz, das ein kleinteiliges Raummosaik aus Obstwiesen, mageren Schafweiden, Hecken, Wiesenbrachen, Wegrainen, Äckern und Wäldchen bietet. Bäche und Teiche sind weitere Strukturelemente, die das Naturschutzgebiet »Magertriften von Obermörlen und Ostheim« bereichern. Grünspecht und Schwalbenschwanz, Mauswiesel und Nachtigall finden in diesem reich gegliederten Ökosystem ihre Nischen, aber auch Pflanzen wie die Saat-Wucherblume, der Feld-Rittersporn, das Bunte Vergissmeinnicht oder die Herbst-Wendelähre, eine Orchidee, die spät im Jahr blüht und zwingend auf bodensaure Schaftriften angewiesen ist. Im Oktober entdeckt man typische Pilze der Schafweiden, etwa den Blassen Wiesenellerling, die Zerbrechliche Keule, den wohlschmeckenden Schaf-Egerling und seinen giftigen Doppelgänger, den Karbol-Egerling. Der prächtige Kirschrote Saftling und der Trockenstiel-Saftling zählen mittlerweile zu den bedrohten Arten.

Dem flüchtigen Besucher präsentiert sich die Wetterau als ausgeräumte Agrarsteppe, arm an Wald und Hecken. Die Natur scheint hier auf verlorenem Posten. Aber das stimmt nicht ganz. Einige Gegenbeispiele haben wir schon kennen gelernt. Und es gibt andere. An renaturierten Braunkohletagebauen, im Bereich von Wässerwiesen und in den Überschwemmungsauen von Horloff, Nidda und Nidder pulsiert das Leben. Bis zu hundert Tiere stark sind die Wintergemeinschaften des Rehwildes, die man auf den Äckern und Wiesen der Wetterau antreffen kann. Auch anderen Tieren des Kulturlandes bietet sie noch Lebensraum, wenngleich die Populationen von Feldhase, Feldhamster, Rebhuhn, Wachtel und Grauammer stark abgenommen haben. Teiche und Sümpfe offerieren durchziehenden Gästen aus der Vogelwelt bequeme Rast und ausreichend Nahrung. Scharen von Regenpfeifern, Strand- und Wasserläufern, Enten und Singschwänen, die Sumpfohreule und die Kornweihe nutzen dieses Angebot. Noch bedeutender sind die nach und nach geschaffenen Schutzgebiete »Mittlere Horloffaue« zwischen Utphe, Unter-Widdersheim und Grund-Schwalheim, »Bingenheimer Ried«, »Mähried bei Staden«, »Nachtweid von Dauernheim« oder »Im Russland und in der Kuhweide bei Lindheim« für

Das »Bingenheimer Ried« im Abendlicht.

»Mittlere Horloffaue« bei Grund-Schwalheim.

die einheimischen Vögel der Wiesen und Feuchtgebiete. An Gräben und anderen Kleingewässern halten sich Krickente und Zwergtaucher auf. Inmitten der Wässerwiesen des Bingenheimer Riedes brütet die äußerst seltene Spießente. Inselchen und vegetationsreiche Abschnitte der Tagebauseen nutzen Graugans, Tafel- und Reiherente zur Jungenaufzucht.

Unheimlich grunzende und ächzende Rufe, die urplötzlich in gellendes »Schweinequieken« übergehen können, verraten die Anwesenheit der Wasserralle, ein im Sekundentakt vorgetragenes peitschendes »hüitt« die Tüpfelralle. Gewöhnlich in dichtem Röhricht verborgen, entgehen selbst die Rallen nicht den wachsamen Augen der Rohrweihe, die in niedrigem Jagdflug ihr Revier absucht. Reglos und scheinbar unbeteiligt verharrt dagegen der Graureiher im Flachwasser, um mit einem einzigen blitzschnellen Stoß einen Fisch, einen Frosch oder eine Schermaus zu speeren. Sein schwerfällig rudernder Flügelschlag und der dabei S-förmig gekrümmte Hals unterscheiden auf größere Distanz den Reiher vom Weißstorch, dem man in Hessen am ehesten in der Wetterau begegnet. Zu Recht hat Adebar seit jeher die Bewunderung der Menschen auf sich gezogen, denn der begnadete Segelflieger nutzt geschickt die Thermik von Warmluftsäulen zu Langstreckenflügen. Auf dem Zug ins afrikanische Winterquartier vermeidet er daher nach Möglichkeit das offene Meer, denn dort gibt es keine warmen Aufwinde. Da der Weißstorch hierzulande als Glücksbote, Kinderbringer, Symbol ehelicher Treue und als Weiser gilt, der nur auf Häusern horstet, in denen Frieden herrscht, wurde seine Rückkehr aus der Fremde freudig begrüßt und der Nestbau, etwa durch Anbringen eines Wagenrades, gefördert. Trockenlegung von Feuchtgebieten, Anreicherung von Schadstoffen in der Nahrungskette, Bau von Hochspannungsleitungen und zunehmende Gefahren während des Zuges drängten den Storch an den Rand der Ausrottung.

Entwässerung, Überdüngung, Intensivierung der Grünlandwirtschaft und zu frühe Mahd sowie häufige Störungen durch Spaziergänger, frei laufende Hunde oder Reiter setzen den Wiesenbrütern zu. Den merkwürdig gaukelnden Balzflug der Uferschnepfe kann man nur noch mit sehr viel Glück beobachten. Auch das melodische Trillern

Adebar mustert aufmerksam seine Umgebung.

Nur mit zwei bis drei Brutpaaren ist die Uferschnepfe in Hessen vertreten.

Das Weibchen des Großen Brachvogels wirkt kräftiger als das Männchen und hat einen längeren Schnabel.

und Flöten des Großen Brachvogels ist zum seltenen Hörgenuss geworden. Bekassine, Kiebitz, Braunkehlchen, Viehstelze und Wiesen-Pieper sind häufiger vertreten, allerdings meist nur in Schutzgebieten. Dort gelten strenge Wegegebote und oft auch ein generelles Zutrittsverbot in der Zeit zwischen März und August beziehungsweise September. Trotzdem bieten sich hervorragende Beobachtungsmöglichkeiten von Schanzen oder Aussichtstürmen aus, die rührige Vogelschützer am See bei Utphe, am Bingenheimer Ried und in der »Nachtweid« errichtet haben.

Vom »Stöffche« und seiner Herkunft

Obstwiesen am Berger Hang bei Frankfurt

Zur Zeit der Apfelblüte präsentiert sich der Berger Hang von seiner schönsten Seite.

Den Apfelwein, neudeutsch Äppler, nennt Frankfurter Urgestein Ebbelwei oder schlicht »Stöffche«. Mögen Zugereisten nach dem Genuss des Gebräus auch die Gesichtszüge entgleisen, dem eingeborenen Bewohner der Main-Metropole geht die Verkostung von vergorenem Apfelsaft über alles. Das war beileibe nicht immer so. Bis ins 16. Jahrhundert fand sich kaum ein Obstbaum in freier Landschaft. Wo es eben ging, zog man Weinreben – ein Geschenk der Römer, das ihren Aufenthalt im rauhen Norden einst erträglicher gestaltete. Noch 1840 spannten sich im Halbkreis Weingärten von Bornheim über Seckbach und Bergen bis Bischofsheim und Hochstadt. Erst um die Wende vom 19. zum 20. Jahrhundert gewann der Obstbau in der Frankfurter Gegend die Oberhand. Missernten und Schädlingsbefall, insbesondere das Auftreten der Reblaus, hatten den Niedergang des Weinbaus eingeleitet. Obsterzeugung, verbunden mit gleichzeitiger Nutzung der Böden zur Gewinnung von Heu oder Stallstreu, als Weidegrund und als Ackerland, wies den Weg aus der Krise. Dem gehölzarmen Frankfurter Norden lieferten die Bäume Bau- und Brennholz. Ihr Ertrag bereicherte die karge Tafel der Bauern mit frischen Früchten sowie mit Dörrobst, Eingekochtem, Kuchenbelag, Mus und Most, ohne den, wie es heißt, kein Tagelöhner zur Arbeit auszog. Zeitweise wurde das Obst sogar bis England und Italien exportiert.

Gegenwärtig hat sich der Trend umgekehrt. Damit wir das ganze Jahr knackiges Obst genießen können, wird es von weither eingeführt, etwa aus Neuseeland, Südafrika und den USA, oder auf intensiv bewirtschafteten Plantagen (Niederstamm-Dichtpflanzungen) außerhalb der Region gezogen und in Kühlräumen zwischengelagert. Auch den Apfelweinkeltereien genügt die heimische Produktion längst nicht mehr. Kostengünstig erzeugte Früchte aus subventioniertem Niederstamm-Anbau sind auf dem Agrarmarkt konkurrenzfähiger als konventionell, das heißt ohne konkrete Schnitt-, Spritz- oder Düngepläne sowie mit hohem Arbeitsaufwand produziertes Obst. Und die Werbung suggeriert, nur verführerisch glänzende, keimfreie (?) Ware im Sechser-Pack sei essbar. Wenn aber Abnehmer fehlen, haben natürliche Erzeugnisse keine Chance und den Obstwiesen droht das Aus. Viele Bestände laufen Gefahr zu überaltern, weil Neupflanzungen unterbleiben.

Mit der Obstwiese verschwände ein Stück Kulturlandschaft, das früher – zusammen mit Hecken und Feldgehölzen – den ländlichen Siedlungsraum prägte und einer Fülle einheimischer Pflanzen- und Tierarten Lebensraum bot. Am Berger Hang, zwischen Bergen-Enkheim und dem Bischofsheimer Hang, sind 60 ha als Naturschutzgebiet ausgewiesen. Auf Initiative der Hessischen Gesellschaft für Ornithologie und Naturschutz (HGON) und dank privater wie öffentlicher Unterstützung wird das Gebiet gepflegt, das heißt Flächen werden entbuscht und gemäht, Bäume durch Kronenschnitt aufgelichtet. Durch Nachpflanzungen sucht man die Altersstruktur zu verbessern.

Das Lokalklima mit hoher Sonneneinstrahlung und geringer Spätfrostgefahr bietet im Norden Frankfurts optimale Bedingungen für den Obstbau. Im Oberoligozän bildeten sich hier mergelige Brackwasserablagerungen, die so genannten »Cyrenenmergel« (nach der in Massen auftretenden, früher *Cyrena semiastrata* genannten fossilen Muschel *Polymesoda convexa*). Da sie über Wasser führenden Schleichsanden anstehen, auf denen sie quasi »schwimmen«, musste bei der vorgegebenen Hangneigung immer mit dem Abrutschen von Erdreich (Solifluktuation) gerechnet werden. Auch um diesem Bodenfließen Einhalt zu gebieten, pflanzte man Obstbäume, denn deren Wurzeln krallen sich ins Erdreich und halten es fest. So ließ sich das Nützliche mit dem Notwendigen ideal verbinden.

Die Baumgrundstücke des Berger Hanges zeigen alle für Obstwiesen typischen Merkmale: Einzeln, in Reihen oder Gruppen verteilen sich die hochstämmigen, breitkronigen Bäume in der Land-

Obstwiesen in warmer Lage sind die letzten Refugien des Rotkopf-Würgers.

Wer je von solchen Äpfeln gekostet hat, lässt künftig die Importware aus dem Supermarkt links liegen.

Als man noch ohne chemische Zusätze auskam, machten die bitteren Früchte des Speierlings Apfelwein länger haltbar.

Der männliche Grünspecht hat – im Gegensatz zu seinem Weibchen – einen roten Wangenstreif.

schaft. Sehr gut zu sehen ist auch die Vielfalt der Obstarten und -sorten: 62 Apfel-, Birnen-, Kirschen- und Zwetschgensorten sind heute noch am Berger Hang in Kultur, darunter Pflaume und Hauszwetschge, Schwarze Leberkirsche und Frühe Rote Kirsche, Katzenkopfbirne, Gute Luise, Mollebusch und St. Germain-Flaschenbirne, Hausapfel, Winterrambour, Schafsnase, Roter Boskop, Bischofsmütze, Graue Renette und Trierer Weinapfel, außerdem Mirabelle, Walnuss, Mispel und Quitte. Bedingt durch extensive Bewirtschaftung und kleinräumig wechselnde Standortverhältnisse, oft noch gepaart mit einer Aufteilung des Grundbesitzes und den daraus resultierenden Unterschieden in der Grundstücksnutzung, zeichnen sich die Obstwiesen – als weiteres Charakteristikum – durch eine relativ hohe Zahl an Ökotonen, also Übergangsbereichen zwischen Biotopen oder Pflanzengesellschaften, aus.

Demzufolge treffen sich im Lebensraum Obstwiese Pflanzen und Tiere der Laubwälder, Hecken und Gebüsche mit solchen der Saumbiotope, der Ruderalfluren und Äcker sowie den Arten des Weidegrünlandes, der Magerrasen und Mähwiesen. Sonderstandorte wie Gräben und feuchte Mulden runden das Bild ab. Unter dem Schirm der Bäume dominieren Pflanzen der Glatthaferwiesen, zum Beispiel Schlüsselblume, Wiesen-Bocksbart, Wiesen-Flockenblume, Wiesen-Salbei, Pastinak, Wiesen-Margerite und Wiesen-Storchschnabel. Botaniker freilich besuchen den Berger Hang hauptsächlich wegen der Seltenheiten, die das Schutzgebiet außerdem zu bieten hat. Um nur einige zu nennen: Gelber Zahntrost, Braungelbe und Labkraut-Sommerwurz, Ähriger Blauweiderich, Waldsteppen-Windröschen, Bilsenkraut, Osterluzei, Breitblättrige Wolfsmilch, Flohkraut, Kicher-Tragant, Purpur-Klee, Runder Lauch, Schopfige Traubenhyazinthe, Helm-Knabenkraut, Mücken-Händelwurz und Bienen-Ragwurz. Auch ein Baum, der Speierling, zählt mittlerweile

zu den Raritäten. Für die Herstellung des »Stöffchens« waren seine bitteren Früchte früher unverzichtbar: Sie verliehen dem Apfelwein die bernsteingelbe Farbe sowie herben Wohlgeschmack und sorgten darüber hinaus für eine längere Haltbarkeit des Getränks. Auf mittelalterlichen Märkten handelte man die birnenförmigen Früchte als »Drecksäcke«, da sie erst halb »gar«, das heißt bereits angefault, gegessen werden konnten. Sie sollen ein gutes Mittel gegen Magen- und Darmleiden gewesen sein.

Unsere epiphytische Laubholz-Mistel, die früher in Obstbaumkulturen recht häufig war, schlägt seit dem Altertum Menschen in ihren Bann. Im keltischen Mythos ist sie die Pflanze, die – weil immer grün – den Winter besiegt und ewiges Leben verheißt (wohl darum trägt die kürzlich am Glauberg in der Wetterau geborgene Statue eines Keltenfürsten eine Mistelkrone). Noch heute macht man sich die Heilkraft des Halbschmarotzers zu Nutze, etwa bei der Nachbehandlung von Krebserkrankungen. Drosseln, vor allem Amsel und Misteldrossel, verbreiten die von klebrigem, Fäden ziehenden Schleim umgebenen Samen, wenn sie ihre Schnäbel nach der Mahlzeit an einem Ast säubern. Hat der Samen auf diese Weise Halt gefunden, bildet er eine Haftscheibe aus. Ein »Senker« dringt von dort zum Splintholz vor. Stößt er auf ein Saft führendes Gefäß, treibt die Pflanze bald ihre ersten Blätter. Bereits die Römer wussten um jene Art der Vermehrung: *Turdus sibi ipse malum cacat*, »die Drossel sät sich selbst den Tod«, freute sich das Volk, denn aus der Mistel bereitete man schon damals einen trefflichen Vogelleim.

Baumgruppen, Solitärbäume, Hecken, freies Grünland, schattige, besonnte, feuchte und trockene Bereiche, geböschtes und ebenes Gelände, Mulden und Kanten laden auch viele Tiere zum Bleiben ein. So finden im Ökosystem Obstwiese Vogelarten mit den unterschiedlichsten Biotopanforderungen ihr Auskommen. Höhlen-, Halbhöhlen- und Freibrüter zählen ebenso hierzu wie Wartenjäger. Grau-Schnäpper, Garten-Rotschwanz, Steinkauz, Neuntöter, Grau-Würger (als Gast), Rotkopf-Würger, Dorn- und Garten-Grasmücke, Turteltaube und Nachtigall kann man am Berger Hang beobachten, desgleichen Nah-

In den Halbtrockenrasen bei Bergen wächst noch der Gelbe Zahntrost.

Wenn Verliebte sich unter einer Mistel küssen, währt ihre Beziehung ewig – so jedenfalls die graue Theorie.

Den Wiedehopf erkennt fast jeder, gesehen haben ihn die wenigsten.

Dem Baumweißling ist die Vorliebe seiner Raupen für die Blätter von Apfel-, Birn- und Zwetschgenbaum zum Verhängnis geworden.

Kobold im Apfelbaum – der Steinkauz.

rungsspezialisten wie Kernbeißer, Wendehals und Grünspecht. Der Kernbeißer verzehrt (neben Samen und Knospen) lediglich die Kerne des Steinobstes, das saftige Fruchtfleisch verschmäht er. Auf bestimmte Ameisenarten, die bei intensiver Grünlandwirtschaft ausbleiben, sind der schmucke Grünspecht und der rindenfarbene Wendehals angewiesen. Leider nur noch sporadisch – als Durchzügler – lässt sich der Wiedehopf blicken. Allerdings hoffen Vogelschützer auf seine Wiederansiedlung, denn die wichtigsten Voraussetzungen für das Vorkommen des aparten Vogels mit dem schmetterlingsartigen Flug sind am Berger Hang gegeben: Schafweiden, viele Großinsekten als Beutetiere und milder Klimaeinfluss.

Es würde zu weit führen, wenn man alle Tierarten aufzählte, die sich in den Obstwiesen des Frankfurter Nordens heimisch fühlen. Über 3000 Spezies, die meisten davon Insekten, haben Biologen hier entdeckt. Die Säugetiere sind unter anderen mit Feldhase, Feldhamster, Mauswiesel, Iltis, Feldspitzmaus, Haselmaus, Gartenschläfer, der Großen Bartfledermaus, dem Braunen Langohr, dem Abendsegler und der Rauhautfledermaus vertreten, die Reptilien mit Zauneidechse und Blindschleiche. Aus der kaum zu überschauenden Fülle der Insekten seien nur einige besonders attraktive oder seltene Arten erwähnt: Admiral, Großer Fuchs, Schwalbenschwanz, Baumweißling, Himmelblauer Bläuling, Pflaumenglucke, Pflaumen-Zipfelfalter, Kirsch-Prachtkäfer, Purpurbock, Kugelhalsbock, Gelbe Diebsameise, Zahnfühler-Knotenameise, Blaue Holzbiene und Riesen-Holzwespe. Die Hornisse, unsere größte Wespe, die sich im Herbst gern an fauligem Obst labt, hat besonders unter Vorurteilen zu leiden. Ihr Stich ist aber nicht gefährlicher als ein Bienenstich, allerdings unter Umständen etwas schmerzhafter. Bei Störungen in der näheren Umgebung des Nestes weiß sich ein Hornissen-Volk immerhin wehrhaft zu verteidigen, so dass hier ein Sicherheitsabstand von etwa fünf Metern anzuraten ist.

Obstwiesen sind unvergleichliche Lebensräume aus Menschenhand. Doch wie ist es um ihre Zukunft bestellt? Flächenstilllegung, Aufgabe der arbeitsintensiven Pflege und Ernte sowie Einstellung der Produktion wegen mangelnder Konkurrenzkraft im Wettbewerb mit Erzeugnissen aus Plantagenkultur waren noch unlängst die Regel. Nun mehren sich erfreulicherweise Stimmen, die für den Erhalt dieser traditionellen Form des Obstbaus plädieren. Ökologische und landschaftsästhetische Argumente werden ins Feld geführt, vor allem aber scheint die naturverträgliche Obstproduktion für die Verwertungsindustrie und den Eigenbedarf an Bedeutung zu gewinnen. Uns allen wird das »Stöffche« in Zukunft besser munden, wenn gewährleistet ist, dass zumindest ein Teil der verwendeten Äpfel aus traditionellem Anbau stammt!

Dünen am Untermain

Im Schwanheimer Feld

Es geht auf den Abend zu. Aus der Steppe nähert sich ein Zug seltsamer Tiere der Tränke. Man möchte sie für Antilopen halten, doch haben sie fast rüsselartig geblähte Nüstern. Das ist ein guter Schutz gegen den feinen Sand, den der Wind ständig aufwirbelt. Auch über dem Fluss, dem Ziel der Herde, hängt ein Staubschleier. Sandbänke und Schotterterrassen hat das Wasser, dessen Lauf sich von Jahr zu Jahr ändert, in der weiten Ebene aufgeschüttet. Die Saigas, wie man die grotesken Vierbeiner mit der Rüsselnase einmal nennen wird, beschleunigen ihren Trott: Im Gebüsch der Tamarisken und Weiden könnte ein Leopard lauern. Aber nur andere durstige Steppenbewohner kreuzen den Weg – Bisons mit ausladendem Gehörn, ockergelbe Wildpferde und grazile Wildesel. Die ersten Tiere sind nun am Fluss angekommen. Wie eine Woge braust von dort das Schlagen tausender Flügel. Vögel, die am Ufer rasteten, stieben auf, ärgerlich über die unvorhergesehene Störung.

Den Jägern, die vor über 10 000 Jahren die Untermainebene durchstreiften, muss sich oft solch ein Schauspiel geboten haben. Doch die Zeit steht nicht still. Allein die Schottermassen und die Sandwälle, die Stürme zusammenwehten oder die der Main ablagerte, erinnern heute noch an die Eiszeit. Aber auch sie sind nicht mehr überall sichtbar. Seit langem schon prägen Industrie, ein dich-

Im schrägen Abendlicht kommen die Horste des Silbergrases besonders gut zur Geltung.

Als sie noch häufiger war, wand man die Sand-Strohblume gern zu »Immortellenkränzen«.

tes Verkehrsnetz und immer weiter ausufernde Siedlungen die Landschaft am Untermain. Im Schwanheimer Feld, westlich des Frankfurter Stadtteils Schwanheim, hat sich ein Dünenrest gegen die Anlagen des Chemiekonzerns Hoechst (Aventis), Schnellstraßen und Kleingärten behauptet. Allerdings liegt auch dieser Rest nicht seit der Eiszeit offen; dies ist vielmehr das Ergebnis von Entwaldung und Schaftrift im Mittelalter, die die alten Sandflächen wieder freilegten. Besonders die Schafherden hielten den Sand in Bewegung und verhinderten die Wiederbewaldung.

Hohe Sommertemperaturen, mit denen nur spezialisierte Pflanzen fertig werden, und die Wühltätigkeit der zahlreichen Wildkaninchen sorgen dafür, dass die Sandmagerrasen des Schutzgebietes lückig bleiben. Ein Föhrenbestand, dessen von Wind und Blitz gezeichnete Baumveteranen andächtiges Staunen hervorrufen, lässt die potentielle natürliche Vegetation des Schwanheimer Feldes erahnen – offener Waldkiefern-Steppenwald.

In den Sandmagerrasen des Schwanheimer Feldes herrscht eine Pflanzengesellschaft vor, der die Sand-Grasnelke ihren Namen gegeben hat. Die rosa Blütenköpfe dieses Bleiwurzgewächses erscheinen im Frühsommer massenhaft. Gleichwohl ist die Art in Deutschland gefährdet, weil ihre Standorte insgesamt zurückgegangen sind. Begleitet wird die Sand-Grasnelke unter anderen von Zierlichem Schillergras, Heide-Nelke, Sandglöckchen, Hasen-Klee, Ohrlöffel-Leimkraut, Sand-Knorpellattich und Feld-Mannstreu. Der Mannstreu zählt zu den als »Steppenroller« bezeichneten Pflanzen, da der Wind das oberirdische, steif-kugelförmige Spross-System, sobald es von der Basis losgelöst ist, fortrollt und so die Verteilung der Samen ermöglicht.

Von den nahe gelegenen Obstgärten und Grünlandstreifen her haben sich da und dort hochgrasreiche, wiesenähnliche Formationen mit dem Grasnelken-Magerrasen verzahnt. Solche »Nahtstellen« (Ökotone) fallen durch einen bunten Blumenreigen auf: Breitblättrige Platterbse, Fetthenne, Pastinak, Stolzer Heinrich (Natternkopf), Aufrechtes Fingerkraut, Ochsenzunge und die oft mit ihr verwechselte Hundszunge, die sich aber besonders durch ihren muffigen, an Mäuse erinnernden Geruch unterscheidet. Auch Nachtker-

Im Außenbereich von Binnendünen und auf sandigen Triften wächst die Sand-Grasnelke.

Offene Sandflächen sind im Binnenland eine große Seltenheit.

Der Fasan kam aus den Flussauen des Schwarzmeergebietes zu uns; später wurden chinesische und mongolische Formen (mit Halsring) eingekreuzt.

zen, deren Urformen aus Nordamerika stammen, die sich in Europa aber zu eigenständigen, oft nur von Experten auseinander zu haltenden Spezies entwickelten, wachsen dort. An den sonnenexponiertesten, nährstoffärmsten Standorten wiederum gedeiht eine Pflanzengesellschaft, deren Charakterart das Silbergras ist. In seiner Nachbarschaft blühen schon zeitig im Jahr Bauernsenf, Frühlings-Spark, Sand-Wicke und Vogelfuß. Das winzige Sand-Filzkraut, das äußerst seltene Zwerggras und die kaum häufigere, früher gern zu Trockensträußen gebundene Sandstrohblume gehören ebenfalls zu den Rohbodenpionieren, sie bevorzugen aber Störstellen, wie sie etwa von Kaninchen immer wieder geschaffen werden.

All diese Gesellschaften sind sehr lichtbedürftig und verschwinden dort, wo Mensch oder Tier nicht länger für baum- beziehungsweise strauchfreie Wuchsorte sorgen. Ihre kritische Wasserversorgung regeln die Pflanzen auf unterschiedliche Weise. Entweder besitzen sie, wie etwa das Silbergras, tief reichende Wurzeln oder sie entgehen der sommerlichen Dürre durch »Rückzug in den Untergrund«, das heißt ihre oberirdischen Teile erscheinen nur im feuchteren Frühling. Wieder andere bleiben in Trockenjahren ganz aus und überdauern lediglich in Form von Samen, die während günstigerer Perioden produziert wurden. Die Angehörigen einer vierten Gruppe, die Sukkulenten und Halb-Sukkulenten, können in ihren wächsernen, fleischigen Blättern Wasser länger als andere Arten speichern.

Wer sich die Zeit nimmt, wird auch in der Tierwelt der Schwanheimer Dünen erstaunliche Beobachtungen machen. Ein Spaziergänger, der in einer lauen Sommernacht die Dünen besucht, hört manchmal aus dem Kiefernwäldchen trocken schnurrenden Gesang. Der Ziegenmelker ist hier zu Hause, ein Vogel, den man bei Tage wegen seiner rindenfarbenen Tarnung nie entdecken würde. Im Flug fängt er Insekten, wobei ihm der breite, von Borsten umrahmte Rachen als Käscher dient. Auch der Blick auf das Kleine enthüllt manche Sensation. So kann die Beobachtung einer brutpflegenden Sandwespe zum erinnernswerten Abenteuer geraten. Die unscheinbaren Hautflügler graben Nester in den Sand, die sie mit Steinchen passgenau verschließen können. Mit einer erbeuteten Raupe erscheint die Wespe am Eingang, rollt die Barrikade zur Seite und zerrt die meist viel größere Beute in den Schacht. Innen legt sie ein Ei an der Raupe ab. Die schlüpfende Larve wird sich von dem anfangs nur gelähmten Tier ernähren.

Aber selbst wenn der Besucher nur den possierlichen Kaninchen beim Spiel zusieht, wenn er beim metallisch gackernden Balzruf eines Fasanenhahns erschrocken zusammenfährt oder sich vom Schlag der zahlreichen Nachtigallen verzaubern lässt – immer bietet die Natur etwas Neues, Überraschendes.

Das Schwanheimer Feld aus ungewöhnlicher Perspektive.

Startbahn Natur
Der Mönchbruch

Über der Niederung dampft Frühnebel. Schräg fällt das gelbe Herbstlicht ein, streift die bunten Blätter alter Alleebäume, spiegelt sich im Morgentau, der an abertausend Spinnennetzen perlt, und zaubert ein von Wolkendrift ständig gewandeltes Muster aus Hell und Dunkel auf die nassen Wiesen. Friedlich äst ein Rudel Damwild im Bruch. Sauen haben ein Stück Land auf der Suche nach Maikäferlarven umgepflügt; jetzt ziehen sie nach getaner Arbeit grunzend und quiekend in die sichere Dickung ein. Hoch am Himmel streben in Keilformation Kraniche gen Süden. Ihre heiseren Schreie werden von Krähen erwidert, die in der mächtigen Schwarz-Erle inmitten des Grünlandes ruhten, nun geschäftig auffliegen, um sich dann wieder mit beschwichtigendem Krächzen niederzulassen. Ein Idyll? Gewiss, wäre da nicht das ohrenbetäubende Dröhnen der Düsenjets, die aus allen Richtungen den Frankfurter Flughafen ansteuern. In kurzem Takt senkt sich eine Maschine nach der anderen zur Landung oder hebt von der nahen Startbahn 18 West ab. Vielfältige, fast unberührte Natur und die laute Betriebsamkeit eines Luftfahrtknotenpunktes mit annähernd 360 000 Flugbewegungen im Jahr sind die zwei Seiten des Mönchbruchs, des zweitgrößten Naturschutzgebietes in Hessen.

Der Mönchbruch liegt im Dreieck der Gemeinden Mörfelden, Walldorf und Haßloch an der B 486. Einen Namen machte er sich früh als herrschaft-

Erlensolitäre überschauen das nach der Mahd gut sichtbare Mosaik aus Seggenriedern und Grünland in der Mönchbruchwiese.

liches Jagdrevier. Schon Karl der Große ging im »Reichsforst und Wildbann Dreieich«, zu dem der Mönchbruch in der Karolingerzeit gehörte, dem Waidwerk nach. Zwischen 1211 und 1229 gelangte das Gebiet durch Verkauf und Schenkung aus gräflichem Eigentum in die Hand der Zisterziensermönche von Eberbach. Seitdem trägt der Landstrich die heutige Bezeichnung, obwohl seine Besitzer noch mehrfach wechselten.

Blieb zunächst der ursprüngliche Waldcharakter des Mönchbruchs erhalten, so setzten ab dem 17. Jahrhundert tief greifende Veränderungen ein. Landgraf Ludwig V. ließ 1609 einen 600 Morgen großen Fischteich anlegen. Offenbar war die Anlage nicht lange in Betrieb; auf ihrer Fläche aber förderte man anschließend die Entwicklung von Grünland (Heu- und Streuwiesen), das bis heute genutzt wird. Durch übermäßige Wildhege zu Jagdzwecken, die zu Verbiss und Behinderung der Naturverjüngung des Waldes führte, durch Torfstich, Drainage, Holzentnahme und forstliche Maßnahmen kam es zu weiteren Veränderungen. 1954 wurden endlich 44 ha Alteichenbestände, Erlenbruchwälder und Seggenrieder unter Naturschutz gestellt. 1995 umfasste die Schutzzone 937 ha. 540 Pflanzenarten, davon 60 vom Aussterben bedrohte Vertreter der heimischen Flora, sind hier nachgewiesen, ferner 175 Pilz- und 76 Brutvogelarten.

Verantwortlich für den großen Reichtum an Pflanzen und Tieren, der in Hessen seinesgleichen sucht, ist die Vielfalt der Lebensräume auf engstem Raum. Einerseits ist dies menschlicher Nutzung beziehungsweise Gestaltung zu verdanken, die Wald zu Wiesen wandelte, Gewässer trockenlegte, neue Baumarten einbrachte und eine künstliche Heidelandschaft schuf, zum anderen aber der relativ ungestörten Entwicklung einzelner Bereiche sowie nicht zuletzt den geologischen Voraussetzungen. So verfrachtete der Main während der letzten Eiszeit enorme Schottermassen. Die Sedimente wurden lokal von pleistozänen Flugsanden überdeckt. Saisonal auftretende Hochwässer der Bäche lagerten meist tonige Hochflut- und Auenlehme ab, aus denen tiefgründige Braun- und Parabraunerden entstanden. In feuchten Senken bildeten sich humose bis anmoorige Böden. Wo gegen Ende der letzten Vereisung Schneckengehäuse auf den Grund seichter Seen absanken, steht nun »Seekreide« an, bis 1,80 m mächtige Kalkschichten.

Blaue Pracht: die Wiesen- oder »Sibirische« Schwertlilie.

Die Fleischfarbene Fingerwurz steht in Hessen am Rand der Ausrottung.

Wer zwischen Mai und Anfang Juli den Mönchbruch besucht, wird insbesondere von den blumenreichen Wiesen begeistert sein. Abhängig vom Standort präsentieren sie sich dann in jeweils verschiedenen Blühaspekten, Farben und Stimmungen. Wiesen sind aus menschlicher Nutzung hervorgegangene Pflanzengesellschaften, für deren Erhalt wiederkehrende Mahd geboten ist. Im Naturschutzgebiet erfolgt der Wiesenschnitt seit 1995 nach strengem Reglement, denn zu häufige oder zu frühe Mahd schadet den auf das Grünland angewiesenen Tieren und verändert die Artenzusammensetzung der Flora. 20 unterschiedliche Pflanzengesellschaften des Grünlandes und der Rieder hat man im Mönchbruch nachweisen können – neben Kleinseggenriedern und Borstgrasrasen etwa Pfeifengras-, Brenndolden-, Waldbin-

Eine typische Pflanze der Stromtalwiesen ist der Kanten-Lauch.

Grün punktierte Streifen in der tiefblauen Krone des Lungen-Enzians weisen Insekten den Weg zur Nektarquelle.

sen-, Wassergreiskraut- und Kohldistelwiesen. Die meisten davon gehören einem Vegetationstyp an, der als Stromtalwiesen bezeichnet wird und zu seiner Entfaltung sommertrockenes Klima, leicht erwärmbare Böden, extensive Bewirtschaftung und alljährliche Überschwemmung braucht. Solche Bedingungen sind in Deutschland rar (geworden). Dementsprechend stehen viele typische Begleitpflanzen auf der Roten Liste der vom Aussterben bedrohten Arten: Kanten-Lauch, Lungen-Enzian, Fleischfarbene Fingerwurz, Wiesen-Schwertlilie, Moor-Veilchen, Brenndolde, Knollen-Kratzdistel, Färberscharte und andere mehr. Im Mönchbruch gibt es sie noch, teils in ansehnlichen Beständen.

Dank kontrollierter Mahd haben jetzt auch die Wiesenbrüter unter den Vögeln eine Chance, ihre Jungen großzuziehen. Auch diesen Arten, deren Bruterfolg von ebenem und wechselfeuchtem Gelände abhängt, fehlt es mittlerweile überall an geeignetem Lebensraum. Dem Kiebitz, dem Braunkehlchen, der Bekassine und der Tüpfelralle stehen diese Habitate im Mönchbruch noch zur Verfügung. Insbesondere dem Wachtelkönig, einer weltweit gefährdeten Ralle, bieten die Feuchtwiesen des Schutzgebietes ein sicheres Refugium. Damit das so bleibt, muss der Naturfreund Einschränkungen in Kauf nehmen. So herrscht striktes Wegegebot. Außerdem wurde bei Novellierung der Schutzverordnung 1995 verfügt, einige Forstwege aus der allgemeinen Betretensregelung herauszunehmen. An schönen Frühlingstagen hat der Mönchbruch mehrere zehntausend Erholungssuchende zu verkraften. Da deren Freizeitverhalten naturgemäß Störungen mit sich bringt, war die Lenkung der Besucherströme unumgänglich.

Ohne Eingriffe des wirtschaftenden Menschen würden weite Teile der Untermainebene von Wald bedeckt sein. Bei hohem Grundwasserspiegel, der häufig zu lang anhaltender Überstauung (Stagnation des Wassers) führt, wäre dies ein Erlenbruchwald. Auf seinen nassen Torfböden dominiert die Schwarz-Erle, manchmal vergesellschaftet mit Moor-Birke, Öhrchen-Weide und Faulbaum. In solchen urtümlich wirkenden Waldteilen, wie sie im Mönchbruch noch vereinzelt anzutreffen sind, gedeiht der seltene Sumpffarn. Dauert die Überstauung nicht so lange an, entwickelt sich Erlen-Eschen-Sumpfwald. Zur Erle treten dann die Esche, die Flatter-Ulme und die Traubenkirsche. Eine Augenweide ist in jedem Frühjahr, wenn der knoblauchartigen Geruch verströmende Bär-Lauch ganze Teppiche ausbreitet und anderswo die weißen und gelben Blütensterne der Windröschen-Arten das Falllaub durchstoßen, der Stieleichen-Hainbuchenwald. Dieser Waldtyp, dessen Anteil im Mönchbruch 60 % beträgt, verlangt nichtüberschwemmte, nährstoffreiche Böden, die gleichwohl gut durchfeuchtet sind. Es herrscht die Stiel-Eiche vor, aber auch andere Bäume finden nun ihr Auskommen: Hainbuche, Buche, Esche, Winter-Linde, Berg- und Spitz-Ahorn. Wächst der Stieleichen-Hainbuchen-Wald über Kalk, erblühen in seinem Schatten wunderschöne Blumen – die Blauviolette Akelei, der Türkenbund und das Cremeweiße Waldvöglein.

Nach Starkregen
überschwemmt –
Erlen-Eschen-Sumpfwald.

Der Laubfrosch ist enger mit den Kröten als mit den Grün- und Braunfröschen verwandt.

**In einem Buchenbestand hat sich Bär-Lauch ausgebreitet.
Seine aromatischen Blätter werden in der Spitzengastronomie zu vielerlei Gerichten verarbeitet.**

Speziell die schon länger unangetasteten Waldareale mit ihren knorrigen Baumgestalten und hohem Totholzanteil beherbergen eine artenreiche Tierwelt. Zu den Besonderheiten zählen dort unter anderen Mittelspecht und Bechsteinfledermaus sowie mit Heldbock, Sägebock und Hirschkäfer die Riesen der mitteleuropäischen Käferfauna.

1750 wurden anlässlich einer Hirschjagd 250 Stück Rotwild zur Strecke gebracht. Damals fand noch ein Austausch zwischen den verschiedenen Rothirschpopulationen statt. Regelmäßig wechselte das Wild bei Winteranbruch aus seinen Sommereinständen im Hochtaunus in die Untermainebene. Heutzutage vereiteln Winterfütterung, das dichte Straßennetz und Siedlungs-

metastasen solch traditionelle Wanderungen und der Rothirsch ist im Mönchbruch ausgestorben. Ihn ersetzt der Damhirsch, der bereits um 1700 hier eingeführt wurde. Alle in Europa eingebürgerten Damhirsche stammen übrigens von Zuchttieren ab, die auf eine gegenwärtig nur noch im Iran lebende Wildform zurückgehen.

Jeder Organismus hängt vom Wasser ab. Einige Lebewesen brauchen es im Überfluss, andere dosierter. Für jene, die dauernd auf das Nass angewiesen sind, ist im Mönchbruch von Natur aus bestens gesorgt. Zwei Bäche, Gundbach und Gerätsbach, ein verzweigtes Grabensystem und ein Weiher bieten den Wasserbewohnern nahezu optimale Bedingungen, auch wenn vor allem der Gerätsbach noch unter Abwässerbelastung leidet. Kleine und kleinste Organismen – unter anderen Flohkrebse, Wassermilben, Wasserwanzen, Käfer, Schnecken, Köcherfliegenlarven, Egel und Röhrenwürmer – stellen den Löwenanteil der tierischen Biomasse. Hinzu kommen Fische wie Hecht, Döbel oder Stichling, die Ringelnatter und Amphibien. Manche Lurche suchen die Gewässer nur zum Laichen auf, andere verweilen länger. Gehört es zu den Glücksfällen, die seltenen Moor-, Spring- und Laubfrösche zu beobachten, sieht man die Erdkröte, den Grasfrosch, den kleinen Tümpelfrosch und seinen größeren Vetter, den Teichfrosch, häufiger. Letzterer ist ein echtes biologisches Unikum. Dem grünen Gesellen, der bei Annäherung oft mit lautem Platschen in einem der Gräben verschwindet, sieht niemand seinen Sonderstatus an: Ursprünglich aus der Hybridisierung von Tümpel- und Seefrosch hervorgegan-

gen, kann der Teichfrosch seine Fortpflanzung sicherstellen, indem er sich mit nur einer Elternart rückkreuzt!

Ein dichter Dschungel aus Wasserpflanzen gewährt den Molchen, Fröschen und Fischen Verstecke. Trotzdem machen Graureiher und Eisvogel zwischen Wasser-Schwertlilien, Brunnenkresse, Froschbiss, Bach-Wasserhahnenfuß, Wassernabel und Wasserfeder reiche Beute. Die aparte Wasserfeder, ein Primelgewächs, ist mit ihren untergetauchten kammartig-fiederschnittigen Blättern und den von Mai bis Juni zu tausenden erscheinenden weißen oder hellrosa Blüten eine Zier der Gräben. Leider zählt sie, wie auch der Südliche Wasserschlauch, zu den bundesweit bedrohten Arten. Der gelb blühende Wasserschlauch bewahrt ein verborgenes Geheimnis: An seinen Unterwassersprossen sitzen kleine Blasen mit ventilartigen Klappen zum Fang von Plankton. Er gehört also zu den carnivoren, das heißt »Fleisch fressenden« Pflanzen.

In schroffem Kontrast zu den bisher vorgestellten Biotopen des Mönchbruchs steht ein Lebensraum, der seine Existenz der Vernunftehe von Technik und Naturschutz verdankt: Auf der neuen Trasse für eine nach dem Bau der Startbahn 18 West anders geführte Hochspannungsfreileitung, die aus Sicherheitsgründen gehölzarm zu halten war, entstand zwischen Kohlbruchschneise und A 3 eine faszinierende Heidelandschaft. Je nach Jahreszeit setzen hier die rosa Blüten der Besenheide oder die gelben des Besenginsters Akzente. Örtlich haben sich Sandrasengesellschaften, etwa Silbergrasfluren, ausgebreitet.

Auf trockene, stark besonnte Habitate spezialisierte Insektenarten wie die Blutrote Heidelibelle oder die unlängst in Hessen wieder entdeckte Kurzflügel-Goldschrecke stellten sich ein. Desgleichen Vögel, denen der Mix aus niedrigem Gebüsch, Heide und Grasland zusagt, darunter Heidelerche, Neuntöter und Wendehals. Das äußerst seltene Schwarzkehlchen behauptet hier einen Siedlungsschwerpunkt für Hessen. Um auch den Wiedehopf wieder heimisch zu machen, wurden Steinhaufen aufgeschichtet, die der kuriose Vogel mit dem lustigen Schopf vielleicht zur Brut annimmt.

Beispiele wie dieses machen Mut, geben Anlass zu Hoffnung. Nicht allein für den Mönchbruch, dessen Zukunft in guten Händen liegt, wo die viel beschworene Versöhnung von Natur und Technologie – wenn auch mit Schönheitsfehlern – weit fortgeschritten ist, sondern für ganz Hessen.

Die landschaftlichen Reize und die »Highlights« der Pflanzen- und Tierwelt unseres Bundeslandes durften wir in diesem Buch zeigen. Wir haben aber auch den allseits grassierenden Artenschwund und Defizite beim Naturschutz nicht verschwiegen. Der aufmerksame Wanderer wie der stille Beobachter sind aufgerufen, mit dazu beizutragen, dass schädlichen Eingriffen Einhalt geboten wird, dass das Umweltbewusstsein weiter zunimmt, dass Natur behutsam gestaltet oder – besser noch – in Frieden gelassen wird.

Die Wasserfeder überzieht manche Gräben mit weißem und pinkfarbenem Flor.

Oft schon im Februar kehrt das Schwarzkehlchen aus dem »Winterurlaub« zurück.

Glossar

Ansalbung, die von Menschen herbeigeführte Ansiedlung einer Pflanzenart in der freien Natur.

Biosphärenreservat, Bezeichnung für eine weltweit bedeutende, nach UNESCO-Richtlinien unter Schutz gestellte naturnahe Landschaft, in der selektive und vergleichsweise schonende Umweltnutzung stattfindet.

Biotop, Lebensraum einer Gemeinschaft von Pflanzen und Tieren (Biozönose).

Bittererde, Magnesiumoxid.

Cheliceren, scherenartiges Mundgliedmaßenpaar der Spinnentiere zum Ergreifen von Beute.

Doline, durch Lösungsverwitterung an Gesteinsfugen oder den Einsturz unterirdischer Hohlräume entstandener schüssel-, trichter- oder schachtförmiger Erdfall in → Karstgebieten.

Egestion, der Zusammenfluss eines Altwassers mit dem Hauptstrom.

Epiphyten, »Aufsitzerpflanzen«, die sich auf Stämmen, Ästen, Ranken oder Blättern anderer Pflanzen angesiedelt haben.

Habitat, Lebensraum einer bestimmten Art. Im angelsächsischen Sprachgebrauch werden die Begriffe → Biotop und Habitat oft gleichgesetzt.

Halophyten, Salz liebende Pflanzen.

Hute, Form der Weidewirtschaft, bei der von Hirten beaufsichtigte Viehherden zu vorbestimmten Weidegründen geführt werden, wo sich die Tiere frei (das heißt ohne Einfriedung) bewegen können.

Karst, Landschaftsformation, deren Untergrund aus leicht löslichen Gesteinen (meist Kalk) besteht; fließendes Wasser hat dort für die Bildung typischer Hohlräume (Höhlen, → Dolinen) gesorgt.

Kolk, durch Strudelbildung entstandene Vertiefung bzw. Auswaschung im Substrat eines Fließgewässers.

Limikolen, feldornithologischer Begriff, der verschiedene, oft nicht näher miteinander verwandte Gruppen von Sumpf- und Watvögeln (Schnepfen und Regenpfeifer) zusammenfasst.

Maar, eine durch vulkanische Gas- und Wasserdampf-Eruptionen entstandene schüssel- bis trichterartige Geländeform.

Mykorrhiza, Lebensgemeinschaft aus Pilzen und Pflanzen, die dem für beide Partner vorteilhaften Nahrungsaustausch dient.

Myzel, der zumeist im Substrat (Boden, Holz) verborgene Vegetationskörper der Pilze.

Neophyten, Pflanzen, die sich in der Neuzeit abseits ihres ursprünglichen Verbreitungsgebietes eingebürgert haben.

Ökosystem, vielschichtiges Wirkungsgefüge zwischen der unbelebten Umwelt – Boden, Wasser, Luft als Lebensraum (→ Biotop) – und einer hierauf abgestimmten Lebensgemeinschaft aus Pflanzen und Tieren.

Ökoton, Überschneidungs- bzw. Übergangsbereich zwischen verschiedenen Lebensräumen.

Parabraunerden, Bodentypen, deren Profil durch Lessivierung (Tonverlagerung) bestimmt ist: Sickerwasser wäscht aus dem fahlbraunen Oberboden Tonpartikel aus und reichert sie im tiefbraunen Unterboden an.

Perigon, einfache, nicht aus Kelch und Krone bestehende Blütenhülle.

Pflanzengesellschaften, Formationen eines Ordnungssystems, das die Vergesellschaftungen verschiedener Pflanzenarten in Abhängigkeit von den jeweiligen Standortbedingungen beschreibt.

Pinge, durch bergmännische Tätigkeit hervorgerufene Bodenvertiefung, etwa ein verstürzter Schacht oder ein Stollenmund.

Plankton, nicht aktiv schwimmfähige Organismen, die im Wasser schweben (»Geschwebe«).

Plutonite, Tiefengesteine magmatischen Ursprungs.

Pollenanalyse, mikroskopische Auswertung der in Bohrkernen enthaltenen Pflanzenpollen. Ziel der Analyse ist die Umwandlung der Fundsequenz in eine absolute Chronologie der Klimageschichte und deren Korrelation mit historischen Ereignissen bzw. archäologischen Befunden.

Pollinien, Paket aus verklebten Pollenkörnern.

Rendzinen, flachgründige, schlecht verwitterte Böden über an Calcium reichem Gesteinssubstrat.

Rhizom, unterirdischer Stängel (»Wurzelstock«).

Rosseln, scherbig oder blockartig zerfallener Gesteinsschutt.

Rostellum, schnabelartig verlängerter Narbenlappen der Orchideen, an dessen Spitze die Stiele der → Pollinien anhaften.

Ruderalvegetation (von lat. *rudus* = Stein, Schutt), der Bestand an Wildpflanzen, die auf vom Menschen geschaffene, sich nun überwiegend selbst überlassene Flächen angewiesen sind. Ruderalfluren erhalten sich auf Dauer nur durch wiederkehrende Veränderungen des Standorts.

Schluff, Bodenart von »mehliger« Konsistenz aus Mineralkörnern mit Durchmessern von 0,002–0,063 mm.

Solifluktuation, das Abgleiten von Bodenschichten unterschiedlicher Wassersättigung in Hanglagen.

Solitär, Einzelbaum

Splintholz, äußerste lebende Schicht des Holzes, deren Zellen für den Transport von Wasser und Nährstoffen verantwortlich sind.

Subsistenz, Wirtschaftsweise, die ausschließlich oder überwiegend der Deckung des Eigenbedarfs dient, in weiterem Sinne auch die Bestreitung des menschlichen Lebensunterhalts allgemein.

Sukkulente, Wasser speichernde Pflanzen, die Verdunstungsverlusten durch Reduktion oder Verkleinerung von Blättern sowie einer fleischigen, ledrigen oder wächsernen Oberflächenmorphologie begegnen.

Sukzession, die natürliche Abfolge verschiedener Vegetationseinheiten, die etwa nach der Aufgabe wirtschaftlicher Nutzung sowie nach Windwurf, Brand oder Rodung einsetzt und, sofern der

Mensch nicht eingreift, in Mitteleuropa auf einen geschlossenen Baumbestand (»Wald«) als Endstadium voranschreitet.

Symbiose, Zusammenleben oder enge Bindung verschiedener Arten zum gegenseitigen Nutzen.

Tuffe, nachträglich verfestigte vulkanische Auswurfmassen, vor allem Ascheteilchen.

Überhälter, wuchskräftiger alter → Solitär, der von forstwirtschaftlichen Maßnahmen verschont bleibt und den man in einen neu zu begründenden Bestand als Schattenspender, Wetterschutz oder Samenproduzent einwachsen lässt.

Umtrieb, die Zeitspanne von der Begründung eines Waldbestandes bis zur Holzernte, in abgewandelter Form auch auf andere Formen der Naturnutzung bezogen.

Xerothermvegetation, Pflanzengemeinschaften trockener und warmer Standorte.

Zeugenberg, isoliert vor dem Rand einer Schichtstufe stehender Berg mit demselben geologischen Aufbau.

Zweihäusige Pflanzen, Pflanzen, bei denen männliche und weibliche Büten voneinander getrennt auf verschiedenen Individuen sitzen.

Auswahlbibliografie

Bauer, G.: Geheimnisvolles Hessen. Fakten, Sagen und Magie (Marburg 1992)

Beaman, M. & Madge, S.: Handbuch der Vogelbestimmung (Stuttgart 1998)

Bellmann, H.: Bienen, Wespen, Ameisen. Hautflügler Mitteleuropas (Stuttgart 1995)

Bender, P. & Welzenbach, H.: Kühkopf-Knoblochsaue. Hessens größtes Naturschutzgebiet (Riedstadt-Wolfskehlen o.J.)

Bibelriether, H. (Hg.): Naturland Deutschland. Freizeitführer Nationalparke und Naturlandschaften (Stuttgart 1997)

Blatt, H., Grube, A. & Schulz, H.: Orchideen in Hessen (Frankfurt a. M. 1983)

Bogon, K.: Landschnecken. Biologie, Ökologie, Biotopschutz (Augsburg 1990)

Bönsel, D., Schmidt, P., Wedra, Ch.: Botanische Wanderungen in deutschen Ländern (5), Hessen (Leipzig u.a.O. 1996)

Born, M.: Siedlungsgang und Siedlungsformen in Hessen. – Hessisches Jahrbuch für Landesgeschichte, 22 (Wiesbaden 1972)

Botanische Vereinigung für Naturschutz in Hessen & Naturschutzzentrum Hessen (Hg.): Lebensraum Magerrasen – Biotop des Jahres 1991 (Wetzlar 1993)

Braun, R. & Königshof, P.: Trockenen Fußes durch ein Riff – Stromatoporen Riffe in der Lahn-Mulde. In: Steininger, F.F. & Maronde, D. (Hg.): Städte unter Wasser – 2 Milliarden Jahre. – Kleine Senckenberg-Reihe, 24 (Frankfurt a. M. 1997)

Brugger, A. & Sarkowicz, H.: Hessen: Eine Landeskunde im Luftbild (Stuttgart 1985)

Dierschke, H.: Grundlagen und Methoden der Pflanzensoziologie (Stuttgart 1994)

Ebert, R. & Welzenbach, H.: Mönchbruch. Entwicklung eines Naturschutzgebietes (Riedstadt-Wolfskehlen o.J.)

Ellenberg, H.: Vegetation Mitteleuropas mit den Alpen (Stuttgart 1996)

Erdmann, K.H. & Spandau, L.: Naturschutz in Deutschland (Stuttgart 1997)

Ernst, E.: Der Reinhardswald und die Diemel-Esse-Senke. – Jahrbuch 1993 Hessenpark (Friedberg 1993)

Ernst, E.: Der Westerwald und das »Hinterland«. – Jahrbuch 1994 Hessenpark (Friedberg 1994)

Ernst, E.: Das nordosthessische Bergland. – Jahrbuch 1996 Hessenpark (Friedberg 1996)

Franzen, J.L.: Die große Flut – der Rheinhessensee. – Natur und Museum, 129/7 (Frankfurt a. M. 1999)

Glanzner, W.: Zur Kenntnis der Vegetation des Naturschutzgebietes »Steiner Wald«. – Naturwissenschaftlicher Verein Darmstadt, Bericht 1956/57, Heft 2 (Darmstadt 1957)

Göbel, W.: Die Vegetation der Wiesen, Magerrasen und Rieder im Rhein-Main-Gebiet (Berlin-Stuttgart 1995)

Großmann, H.: Flora von Rheingau. Senckenberg-Buch 55 (Frankfurt a. M. 1976)

Günther, H. & van Elsen, T.: Ackerwildkraut-Gesellschaften im östlichen Meißner-Vorland ... – Tuexenia N.S. 13 (Göttingen 1993)

Heidt, E. & Huck, G.: Lebensraum Obstwiese – Die ökologische Bedeutung der Streuobstwiesen in Hessen (Wetzlar 1988)

Hess, K.: Bedrohte oberhessische Salzpflanzen. – Natur und Museum, 106/2 (Frankfurt a. M. 1976)

Hessische Gesellschaft für Ornithologie und Naturschutz: Avifauna von Hessen (Echzell 1993 ff.)

Hessisches Landesamt für Bodenforschung: Geotope in Hessen. Schaufenster der Erdgeschichte (Wiesbaden 1996)

Hessisches Ministerium für Landesentwicklung, Wohnen, Landwirtschaft, Forsten und Naturschutz (Hg.): Verzeichnis der Naturschutzgebiete in Hessen (Wiesbaden 1994)

Hillesheim-Kimmel, U. et al.: Die Naturschutzgebiete in Hessen. – Schriftenreihe des Instituts für Naturschutz Darmstadt, 9/3 (Darmstadt 1978)

Jantzen, H. & F.: Naturdenkmale Hessens (Hannover 1985)

Jedicke, E.: Die Amphibien Hessens (Stuttgart 1992)

Jedicke, E.: Die Roten Listen. Gefährdete Pflanzen, Tiere, Pflanzengesellschaften und Biotoptypen in Bund und Ländern (Stuttgart 1997)

Kampfmann, G.: Eiche, Glas und Kartoffel. – Natur und Museum, 110/8 (Frankfurt a. M. 1980)

Kaule, G.: Arten- und Biotopschutz (Stuttgart 1991)

Klausing, O.: Die Naturräume Hessens. – Umweltplanung, Arbeits- und Umweltschutz, 67 (Wiesbaden 1988)

Koenigswald, W. v. & Storch, G.: Messel. Ein Pompeji der Paläontologie (Sigmaringen 1997)

Korneck, D.: Xerothermvegetation in Rheinland-Pfalz und Nachbargebieten. – Schriftenreihe für Vegetationskunde, 7 (Bonn-Bad Godesberg 1974)

Kremer, B.P., Meyer, W., Roth, H.J.: Natur im Rheinland (Würzburg 1986)

Kriege, J. & Wette, W.: Landschaftsführer Werratal (Gudensberg-Gleichen 1992)

Küster, H.: Geschichte der Landschaft in Mitteleuropa (München 1995)

Naturkundlicher Arbeitskreis Wetterau (Hg.): Streuobstwiese. – Beiträge zur Naturkunde der Wetterau, 8/1-2 (Friedberg 1988)

NaturMagazin draußen: Vogelsberg (Hamburg 1982)

NaturMagazin draußen: Naturpark Hochtaunus (Hamburg 1983)

NaturMagazin draußen: Spessart (Hamburg 1984)

NaturMagazin draußen: Rhön (Hamburg 1986)

Natur-Reiseführer Deutschland (München 1991)

Oberdorfer, E.: Süddeutsche Pflanzengesellschaften (Jena u.a.O. 1993)

Pletsch, A.: Hessen. – Wissenschaftliche Länderkunden (8), Teil III (Darmstadt 1989)

Probst, E.: Deutschland in der Urzeit (München 1986)

Roth, H.J.: Siegerland, Westerwald, Lahn und Taunus. Geologie, Mineralogie und Paläontologie – mit Exkursionen (Stuttgart 1983)

Roth, M. et al.: Die Käfergesellschaften mitteleuropäischer Wälder. – Verhandlungen der Gesellschaft für Ökologie, 10 (Mainz 1983)

Scherzinger, W.: Naturschutz im Wald (Stuttgart 1996)

Schmitt, G.E.: Naturkundliche Wanderungen in Hessen (Marburg 1990)

Schomann, S.: Das Ur Vieh. Der neue Auerochs. – GEO, 6 (1999)

Stiftung Hessischer Naturschutz (Hg.): Der Atem der Auen. Streifzüge durch Kühkopf und Knoblochsaue (Hatten/Sandkrug 1997)

Stiftung Hessischer Naturschutz (Hg.): ...und geh zur Rhön hinauf. Streifzüge durch ein Biosphärenreservat (Hatten/Sandkrug 1998)

Weidemann, H.J.: Tagfalter beobachten, bestimmen (Augsburg 1995)

Weidemann, H.J. & Köhler, J.: Nachtfalter: Spinner und Schwärmer (Augsburg 1996)

Zehm, A.: Zur Koinzidenz von Sandvegetation, ihrer Struktur und Heuschrecken-Zönosen (Orthoptera) in der hessischen Oberrheinebene. – Tuexenia N.S. 17 (Göttingen 1997)

Ortsregister

Abterode 90
Affoldern 77
Albungen 96
Alsbach 30
Altendorf 82
Altengronau 127
Altenhasungen 82
Altenschlirf 111
Altweilnau 53
Amöneburg 12, 17
Arborn 68
Arfurt 59, 60
Aschaffenburg 125
Assmannshausen 15, 44
Atzbach 62

Bacharach 48, 49
Bad Homburg 133
Bad Karlshafen 87
Bad Nauheim 133
Bad Orb 127
Bad Salzhausen 133
Bad Soden 133
Bad Sooden-Allendorf 94, 97, 98
Beedenkirchen 35
Bellings 129
Bensheim 30, 31
Bergen-Enkheim 138, 139, 141
Berstadt 14
Bickenbach 30, 32
Bieber 129
Bingen 46, 47
Bingenheim 135, 137
Bischhausen 96
Bischofsheim 138
Borken 14
Bornheim 138
Breitscheid 68
Breunings 125, 126, 127
Burghasungen 81, 82

Dankmarshausen 103, 105
Darmstadt 32, 37
Dauernheim 135
Diemelstadt 87
Dutenhofen 62

Eberstadt 133
Ederbringhausen 75
Ehlen 82
Eibingen 43
Eiterfeld 117
Ellingerode 95
Eppstein 54
Erdbach 68
Erfelden 23
Eschbach 54, 55
Eschwege 98

Falkenstein 54
Frankershausen 92
Frankfurt am Main 29, 54, 109, 114, 138, 142, 144, 146
Fraurombach 114
Freiensteinau 114
Frickhofen 68
Friedrichsfeld 86

Gambach 134
Geisenheim 43
Gersfeld 120
Gießen 17, 62
Gräveneck 61
Grebenhain 114
Griesheim 32, 33
Großalmerode 14, 90
Großenmoor 120
Grund-Schwalheim 135, 136

Hähnlein 30
Haiger 69
Hambach 30
Hannoversch Münden 94
Haßloch 146
Hattenheim 44
Hausen 45
Heldra 94
Hemfurth 76, 77
Heppenheim 29, 30
Herborn 66
Herzhausen 77
Hessenaue 23
Heuchelheim 62
Hirschhausen 62
Hitzelrode 97
Hochstadt 138
Hochwaldhausen 113
Hofgeismar 83
Hünfled 117

Ilbeshausen 111

Jossa 127
Jugenheim 29

Kammerbach 92
Kassel 79
Kaub 47
Kirschhofen 61
Kleinalmerode 95
Kleinsassen 117
Kleinvach 94
Königstein 54, 55
Kubach 62

Lamerden 86
Lampertheim 23, 25, 26, 27
Langenaubach 9
Lindewerra 95
Lindheim 135
Lohr 125

Lorch 47, 48, 49	Rabenscheid 69	Viernheim 30
Lorchhausen 44, 46	Rambach 100	Villmar 59, 60
	Reichenbach 35, 36	Vockerrode 89, 92
Marjoß 127	Riede 82	Vöhl 78
Markershausen 100	Rockenberg 134	Vollrads 42
Messel 37 ff.	Roßbach 95	
Mittelheim 44	Rückershausen 8	Wächterstadt 23
Mörfelden 146	Rüdesheim 42, 43, 44, 45	Waldkappel 90
Münzenberg 132, 133, 134	Rudingshain 107, 160	Walldorf 146
	Runkel 60	Wanfried 100, 101
Naumburg 82		Weilburg 61, 62, 63
Nauroth 50	Sababurg 83, 85	Weißenborn 100
Neu-Anspach 54	Sandberg 117	Weißenthurm 51
Neuengronau 125, 126, 128	Scheid 76	Weiperz 127
Neuhof 133	Schlangenbad 45	Wenigenhasungen 82
Niederwalluf 44	Schwalbenthal 91	Werleshausen 95
	Schwanheim 144, 145	Wetzlar 59
Oberelsungen 160	Seckbach 138	Wiesbaden 42, 44, 133
Oberhögern 133	Seeheim 32	Willingen 71, 73
Obermoos 114	Staden 135	Wilsenroth 68
Obermörlen 135	Stockhausen 111	Winkel 44
Oberreifenberg 4	Stockstadt 23	Witzenhausen 94, 95, 96
Oberrieden 95	Stryck 73	Wolferts 117
Obersuhl 103, 105		Wüstensachsen 117
Okarben 133	Trebur 23, 30	
Ostheim 135	Treisberg 53	Zell 30
	Trendelburg 86	Ziegenberg 54
Pfordt 114		Zierenberg 79, 80
Pfungstadt 29	Untertiefenbach 61	Zwergen 87
Presberg 45, 50, 51	Unter-Widdersheim 135	
	Usingen 54	
	Usseln 71, 73	
	Utphe 135, 137	

Bildnachweis

H. Debelius, Frankfurt a. Main: 112 o.

H. Hofmann, Neu-Anspach: 11 o., 16 u., 23 u., 26 o. l., 32 o. r., 36 o., 40/41, 45 2, 47 u., 51 o., 52 o., M., 54 o. l., u., 56 o., u. l., 62 o., 67 o., 69 u. r., 70, 71, 72 2, 78 u., 80 o. r., 82 M., 86, 104 o. l., 105 o. l., M., 106, 108 u., 109 u., 111, 112 u., 115 u., 118 u., 119 o., 121 M., 123 2, 125, 127 u., 129 u., 130/131, 132, 136, 137 M., u., 140 u., 142 o. l., u., 145 o., 151 o.

R. Jäger, Neu-Anspach: Titel, Vorsatz, 8/9, 10, 12, 20/21, 22, 24 o., 25 2, 26 u., 27 2, 28, 30, 31 u., 33 2, 34, 35, 36 u., 43 o. r., u. r., 48 o. l, u., 49 o., 50, 55 o. r., 56 u. r., 57 2, 58, 60 o. l., o. r., 61 o. r., 67 u., 74, 75, 76 2, 77 3, 80 M., 81 u., 82 o. r., 84, 85 2, 87 o. l., 88/89, 91, 92 2, 93 o. l., 95 M., u., 96 M., 99, 101 3, 102 u., 105 o. r., 108 o. l, o. M., o. r., 109 o., 110, 113 o., M., 115 o. r., 117, 118 o., 122 u., 124, 126 3, 127 o. r., 128, 129 o., 133 o., 134 3, 135, 138, 139 u., 140 o., 141 2, 142 o. r., 144 o., M., 147 2, 150 2

W. Müller, Neu-Anspach: 15, 16 o., 17, 23 o., 24 u., 29, 31 o., 32 o. l., u. l., 42, 43 o. l., 44 o. r, o. l., 46, 47 o., 48 o. r., 51 u., 52 u. r., 53, 60 M., 61 u., 62 r., 63, 64/65, 66, 67 M., 68 2, 69 o. l., o. M., o. r., 73 2, 79, 80 u., 81 o., M., 82 o. l., u., 83, 87 o. M., o. r., u., 90, 93 o. M., o. r., u., 94, 95 o., 96 o., u., 97 o. l., u. r., 98 2, 100 2, 103, 104 u., 107 u., 115 o. l., 119 u., 120, 121 o., u., 122 o., 127 o. l., 146, 148 o., 149, 151 u., Nachsatz

B. Peyer, Frankfurt am Main/Pfaffenwiesbach: 49 u., 59, 102 o. l., o. r., 107 o., 143, 144 u., 145 u.

Reinhard, Neu-Anspach: 14, 116

Senckenbergmuseum, Frankfurt a. Main: 37, 38, 39 o., u.

E. Vetter, Wehrheim-Obernhain: 26 o. r., 44 u., 97 o. r., 113 u., 114, 137 o., 139 o., 148 u.

G. Wilst, Bad Homburg: 11 u., 52 u. l., 78 o., 104 o. r., 105 u., 133 M.

Anmerkung: Aus Naturschutzgründen entstanden einige der Aufnahmen außerhalb Hessens.